우리도 몰랐던
세계사 비밀 41

우리도 몰랐던

세계사 비밀 41

초판 1쇄 인쇄 | 2022년 12월 30일
초판 1쇄 발행 | 2023년 1월 6일

지은이 | 김승호·윤형덕
펴낸이 | 박영욱
펴낸곳 | 북오션

경영지원 | 서정희
편 집 | 고은경·조진주
마 케 팅 | 최석진
디 자 인 | 민영선·임진형
SNS마케팅 | 박현빈·박가빈

주 소 | 서울시 마포구 월드컵로 14길 62 북오션빌딩
이메일 | bookocean@naver.com
네이버포스트 | post.naver.com/bookocean
페이스북 | facebook.com/bookocean.book
인스타그램 | instagram.com/bookocean777
전 화 | 편집문의: 02-325-9172 영업문의: 02-322-6709
팩 스 | 02-3143-3964

출판신고번호 | 제 2007-000197호

ISBN 978-89-6799-743-4 (43900)

교과서에 나오지 않는 세계사

우리도 몰랐던 세계사 비밀 41

김승호 · 윤형덕
지음

북오션

5퍼센트와 4퍼센트. 지난 2022학년도 수능에서 동아시아사와 세계사를 선택한 사회탐구 선택자들의 비율입니다. 어렵기로 소문난 경제 과목을 제외하면 두 과목이 꼴찌를 다투고 있습니다.

대체 역사 교과는 학생들에게 어떤 의미일까요? 학습 부담 경감이라는 미명 아래 해설은 다 잘라내고 명사만 남겨, 결국 생소한 지명과 생소한 인명만 남은 교과서는 『국어사전』과 큰 차이를 발견하기 어렵습니다. 그나마 『국어사전』은 표제어에 대해 설명이라도 해주지, 역사 교과서는 설명조차 불친절합니다. 자연히 학생들에게 역사는 암기과목일 뿐입니다.

재미있는 점은 그 학생들이 학교를 졸업하고 어른이 되면 역사는 재미있다고 생각한다는 사실입니다. 고등학교에서 역사를 가르친다고 하면 흔히 따라오는 반응이, '학교 다닐 때는 역사가 너무 지겨웠는데 커서 보니까 참 재미있더라고요'입니다. 사극으로, 웹툰으로, 소설로 접하는 역사는 흥미진진합니다. 이게 정말 학교에서 배웠던 그 역사인지 의심스러울 정도로요.

이토록 흥미로운 '역사'를 암기과목으로만 생각하게 된 원인은 역사(또는 역사학)에 있는 것이 아니라 역사 교과와 교과서에 있다고 생각합니다. 수많은 사람이 살아남기 위해 변화에 적응하고 더 나은 미래를 위해 애썼던 가슴 뜨거운 이야기는 실종된 채 알 수 없는 단어들로 가득한 교과서가 학생들(그리고 학생이었던 어른들)에게서 역사의 재미를 빼앗아간 것이지요.

그래서 저희는 현장에서 역사를 가르치면서 학생들이 사람 냄새를 느낄 수 있는 역사 수업을 지향하고 있습니다. 교과서가 담아내지 못한 이야기를 전달함으로써, 역사는 우리와 다른 시간을 살았을 뿐 우리와 다를 것 없는 사람들이 살다간 이야기라는 것을 공유하고자 노력하고 있습니다. 그러나 진도, 시험, 그리고 빠듯한 수업 시간이라는 현실에 밀려 다하지 못한 이야기가 너무나 많습니다.

이 책은 그 아쉬운 이야기들을 두 사람이 조금씩 모은 책입니다. 여전히 풀어놓지 못한 '썰'들이 무진하지만, 그래도 조금이나마 다른 사람들과 나눌 수 있어 기쁩니다. 그리고 이런 기회를 제안해주신 북오션 출판사와 편집부 여러분께도 감사드립니다.

김승호·윤형덕 올림

Contents

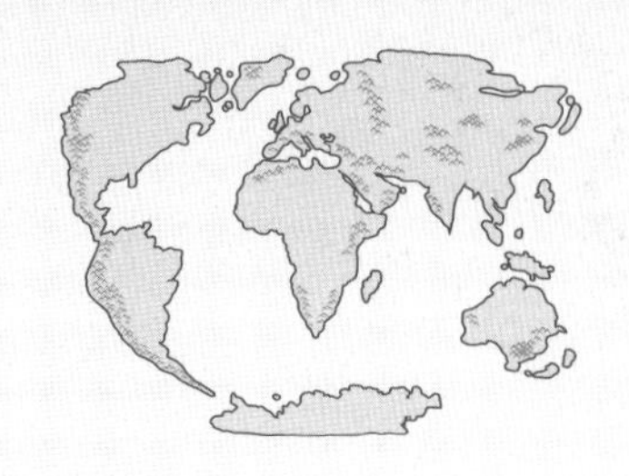

Chapter 3 / 중동·아프리카 (MIDDLE EAST and AFRICA)

NORTH AMERICA

NORTH ATLANTIC OCEAN

TREASURES

SOUTH AMERICA

SOUTH ATLANTIC OCEAN

SOUTH PACIFIC OCEAN

SOUTHERN OCEAN

유럽 (EUROPE)

투키디데스 함정에 빠지지 않으려면?

미국과 중국의 갈등 속에 전 세계가 긴장하고 있습니다. 지난 트럼프 행정부 시기에 시작된 이 갈등을 두고 그레이엄 앨리슨 하버드대 교수는 미국 워싱턴포스트에 「트럼프와 시진핑은 어떻게 전쟁에 빠져들 수 있는가」라는 글을 기고하였습니다. 이 글에서 앨리슨 교수는 "두 강대국이 '투키디데스 함정'에 빠지지 않으려면 두 나라 간 관계를 잘 다루어야 한다"고 말했지요. '투키디데스 함정'이란 "새로운 강대국이 부상하면서 기존의 강대국이 새로운 강대국을 두려워하게 되고, 이 과정에서 전쟁이 발생한다"는 고대 그리스 역사가 투키디데스의 주장을 압축한 말입니다. 투키디데스는 고대 그리스에서 벌어졌던 펠로폰네소스전쟁을 보며 이런 생각을 하게 되었대요. 펠로폰네소스전쟁 무렵 그리스에서는 어떤 일이 벌어졌던 걸까요?

기원전 5세기 무렵 고대 그리스는 여러 도시국가(폴리스)로 이루어져 있었어요. 이 중 스파르타와 아테네가 특히 강력했습니다. 아테네는 기원전 5세기 초 그리스 도시국가들이 페르시아와의 전쟁에서 승리한 이후 급격히 힘을 키운 신흥 강국이었어요. 아테네는 자신들에게 우호적인 도시국가들을 모아 델로스동맹을 만들고 맹주가 되었습니다. 그러고 나서 에게해에 있는 델로스 섬에 동맹국의 공동 자금을 모아 관리하였는데, 아테네 지도자 페리클레스(Perikles)는 이 자금으로 아테네 공직자의 임금을 올리고 대함대를 만들어 아테네를 해상 제국으로 발전시켰어요.

이렇게 아테네가 급격히 성장하자 스파르타는 자신들의 입지가 흔들리는 공포감을 느끼게 되었습니다. 이에 '기회가 되면 아테네를 공격해 기세를 꺾어놓겠다'는 생각을 하게 되었지요. 전쟁에 대비해 스파르타는 아테네가 동맹 자금을 마음대로 사용하는 것에 불만을 품은 도시국가들을 끌어들여 스파르타를 중심으로 이루어진 펠로폰네소스동맹을 더 강화하였어요.

그러던 차에 도시국가 '케르키라'와 '코린토스' 간에 분쟁이 일어났고, 두 나라의 요청으로 아테네와 스파르타가 분쟁에 개입하면서 펠로폰네소스전쟁이 일어났어요. 그리스의 주도권을 두고 두 강대국은 20년 넘게 전쟁을 이어갔습니다.

당시 아테네는 막강한 해군력을 가지고 있었던 반면 스파르타는 그리스 내에서 가장 강력한 육군을 가지고 있었어요. 이에 페리클레스는 육상에서의 정면 대결을 피하고 해전으로 스파르타를 꺾는 전략을 세웠습니다. 이에 아테네의 모든 주민을 성채 안쪽으로 피난시켜 성 안에서 스파르타의 육군을 막고, 바다에는 아테네 대함대를 출격시켰지요. 이 전략은 잘 먹히는 듯했지만 아테네 성채 안에 전염병이 퍼지면서 전세가 역전되었어요. 전염병으로 아테네 인구 약 3분의 1이 죽었고, 전쟁을 지휘하던 페리클레스도 전염병에 목숨을 잃었기 때문이었죠. 전쟁의 주도권을 쥔 스파르타는 맹공을 퍼부었지만 아테네도 끈질기게 저항하였어요. 지지부진한 전쟁에 지친 두 나라는 일시적으로 휴전을 맺었고, 이 시기에 아테네는 다시 국력을 회복하며 스파르타를 공격할 새로운 방법을 궁리하였어요.

그렇게 새로 나온 전략이 이탈리아반도 아래에 있는 시칠리아 섬을 공격하는 것이었어요. 당시 스파르타는 시칠리아 섬에서 식량을 보급하고 있었는데, 이곳을 아테네가 점령하면 스파르타는 식량이 부족해져 큰 타격을 입을 수 있었습니다. 이에 명문가 출신의 알키비아데스가 지휘하는 아테네 원정군이 시칠리아 섬 공격에 나섰어요. 알키비아데스는 페리클레스의 조카이자 소크라테스의 제자 출신으로 화려한 말솜씨와 빼어난 용모를 갖고 있어 인기가 아주 높았어요. 하지만 그만큼 그를 시기하는 사람도 많았지요. 이런 알키비아데스가 지휘관이 되어 아테네를 떠나자 그를 시기하던 사람들이 "알키비아데스가 사실은 큰 죄를 지었다"고 고발하였습니다. 이 소식을 들은 알키비아데스는 처벌을 두려워한 나머지 적국 스파르타로 망명하고 말았어요. 그는 스파르타에 아테네가 세운 작전을 모두 알려주었고, 그 결과 아테네의 시칠리아 원정은 실패하고 말았습니다.

다시 승기를 잡은 스파르타는 아테네를 공격하였지만, 아테네는 쉽사리 항복하지 않았어요. 스파르타는 결국 페르시아 함대를 끌어들여 아테네의 보급로를 차단하고 나서야 아테네의 항복을 받을 수 있었습니다. 그리스 도시국가들이 한때 나라의 운명을 걸고 전쟁을 벌였던 페르시아 군대를 내전에 끌어들여 승리한 것이죠.

펠로폰네소스전쟁에서 패한 아테네는 이후 몰락의 길을 걸었어요. 델로스동맹은 해체되었고 그리스 내 주도권은 기존의 패권국이었던 스파르타가 홀로 쥐게 되었습니다. 그러자 스파르타는 전쟁 전보다 더 가혹하게 다른 도시국가를 다루었고, 스파르타의 횡포는 또 다른 분쟁을 일으켰어요. 이는 고대 그리스 세계 전체가 몰락하는 결과를 낳았습니다. 펠로폰네소스전쟁은 승패와 무관하게 그리스 전체가 패배한 전쟁이 된 것이죠.

아테네 장군으로 펠로폰네소스전쟁에 참가했던 투키디데스는 자신의 책 『펠로폰네소스 전쟁사』에서 "스파르타와 아테네 간 전쟁은 피할 수 없었다"고 주장했어요. 아테네가 급부상하면서 그리스 내 힘의 균형이 무너졌고, 이에 두려움을 느낀 스파르타가 전쟁을 택할 수밖에 없었다는 것입니다. 이것이 바로 투키디데스 함정이에요.

투키디데스 함정을 언급한 앨리슨 교수는 "제1·2차 세계대전 등 역사 속 큰 전쟁은 투키디데스 함정을 피하지 못한 결과"라고 말합니다. 여러 이슈를 두고 신경전을 벌이고 있는 전통의 강대국 미국과 신흥국 중국이 신중하게 갈등을 풀어가도록 우리 정부도 할 수 있는 노력을 다해야겠어요.

카이사르, 루비콘강을 건너다

어떤 일을 되돌릴 수 없을 때, '루비콘강을 건넜다'라는 말을 자주 사용합니다. 이탈리아 북동부에 있는 작은 강 루비콘이 TV나 신문에서 번번이 언급되는 이유는 고대 로마의 대정치가 율리우스 카이사르(BC 100~BC 44)와 깊은 연관이 있기 때문입니다.

카이사르가 태어났을 무렵 로마는 극심한 정치적 혼란을 겪고 있었어요. 귀족들이 원로원과 집정관(로마 공화정의 최고 관직) 등 공화정 내 권력을 독점하며 대농장을 운영한 탓에 평민과 귀족 간의 빈부 격차가 너무 커졌기 때문이었죠. 이에 농지 개혁을 주장하는 민중파와 개혁에 반대하는 귀족파가 격렬한 대립을 보였고, 이는 민중파 마리우스와 귀족파 술라 간의 내전으로 이어졌습니다. 내전에서 승리한 술라는 무자비한 숙정으로 공포정치를 펼쳤는데, 카이사르는 이 시기에 유년 시절을 보냈어요.

카이사르의 집안이 마리우스파로 지목된 탓에 카이사르의 출세는 남들보다 조금 늦은 편이었습니다. 하지만 카이사르는 명석한 두뇌와 뛰어난 친화력으로 맡는 관직마다 탁월한 성과를 보이며 대정치가로서의 기반을 쌓았어요.

특히 그는 막대한 빚을 져 방탕한 생활을 하는 것으로 아주 유명했습니다. 책이나 옷을 사는 데에 돈을 전혀 아끼지 않았고, 아리따운 여인들에게 값비싼 선물을 주는 것도 아까워하지 않았지요. 하지만 그의 빚 대부분은 사실 자비로 도로 보수 사업이나 검투사 대회를 열었기 때문이었어요. 빚더미에 앉은 대신 로마 시민의 열렬한 지지를 얻은 것이죠.

승진을 거듭한 카이사르는 히스파니아(오늘날 스페인)

속주의 총독을 마치고 로마로 돌아온 뒤 집정관이 되기 위해 당대 최고의 장군 폼페이우스를 찾아갔어요. 당시 폼페이우스는 그의 병사들에게 토지를 나눠주는 문제로 원로원과 갈등을 빚고 있었는데, 이를 간파한 카이사르는 "내가 집정관이 되면 당신의 부하들에게 농지를 나누어 줄 테니 집정관에 선출될 수 있게 도와 달라"고 제안했어요. 폼페이우스가 이를 승낙하자 카이사르는 로마 최고의 부자였던 크라수스도 끌어들여 집정관이 되는 데 성공합니다. 이후 로마의 정치는 카이사르와 폼페이우스, 크라수스 세 사람의 동맹에 의해 좌지우지되었는데, 이를 '삼두정치'라고 하지요.

집정관으로 뛰어난 업적을 남긴 카이사르는 갈리아 지방(오늘날 프랑스)의 총독으로 부임했어요. 이후 8년간 카이사르는 탁월한 군사적 재능으로 갈리아인과 게르만족을 제압해 로마 영토를 갈리아 전역으로 넓혔어요. 그 결과 카이사르는 막강한 정치적·경제적 영향력을 얻었고 로마 시민들 사이에서 인기도 한층 더 높아졌습니다.

하지만 카이사르는 곧 중대한 위기에 빠졌어요. 갈리아 원정에 나선 사이 크라수스가 파르티아전쟁 중 사망했고,

농지 개혁에 적극적인 카이사르를 못마땅하게 여긴 원로원 보수파 귀족들이 폼페이우스를 끌어들이면서 삼두 정치가 무너졌기 때문이죠.

폼페이우스를 등에 업은 원로원은 갈리아 원정을 마친 카이사르에게 "군대를 해산하고 로마에 돌아오라"는 명령을 내렸어요. 카이사르가 무장을 해제하고 로마에 들어오면 여러 가지 죄목을 씌워 제거할 심산이었죠. 이를 간파한 카이사르가 귀국을 미루자 원로원은 폼페이우스에게 카이사르를 격파하라고 요구했어요.

자신의 군대를 이끌고 로마로 향하던 카이사르는 갈리아와 로마 본국의 경계인 루비콘 강변에 도착했습니다. 당시 로마의 법은 장군이 군대를 이끌고 루비콘강을 건너지 못하도록 했어요. 이를 어기면 반역죄로 간주하였지요.

잠시 고민한 카이사르는 부하들에게 "주사위는 던져졌다"며 루비콘강을 건널 것을 명령합니다. 강을 건너는 순간 카이사르는 쿠데타에 성공해 권력을 잡거나 반역죄로 죽음을 당하는 두 가지 운명 중 하나를 피할 수 없게 되었지요. 돌이킬 수 없는 상황이 되었다는 뜻의 '루비콘강을 건너다'는 말은 여기서 유래한 것입니다.

카이사르가 예상보다 빨리 루비콘강을 건너 로마로 진격하자 당황한 폼페이우스와 원로원 귀족들은 이탈리아 밖으로 도망쳤어요. 폼페이우스는 반격을 노렸지만 카이사르는 히스파니아와 그리스에서 폼페이우스의 군대를 물리치고 종신 독재관이 되었습니다. 명실상부 로마의 1인자가 된 것이죠.

하지만 그의 1인 통치는 '카이사르가 왕이 되려 한다'는 의심을 키웠고, 이 의심은 화살이 되어 카이사르에게 날아왔습니다. 기원전 44년 원로원 회의장으로 들어서던 카이사르는 양아들 브루투스와 공화정을 옹호하는 귀족들이 휘두른 칼에 숨을 거두었어요. 죽기 전 양아들을 본 카이사르는 "브루투스 너마저"라는 유명한 말을 남겼지요.

하지만 카이사르의 등장과 죽음은 더 이상 로마가 공화정으로는 지탱될 수 없다는 걸 의미했습니다. 카이사르가 죽자 그의 후계자로 지목된 양아들 옥타비아누스가 여러 경쟁자를 물리치고 로마 초대 황제가 되었어요. 이렇게 450여 년간 이어진 로마 공화정은 무너졌고, 로마는 제국으로 재탄생했습니다. 그 발단은 카이사르가 루비콘강을 건넌 순간이었어요.

대공위시대,
모두가 황제를 마다하다

우리는 흔히 성공을 이야기할 때 부와 명예와 권력을 언급하곤 합니다. 인간이라면 누구나 이 세 가지 욕망으로부터 자유롭기 어렵죠. 그중에서도 특히 권력은 혈육의 정마저 잊게 만들 정도로 '마성의 매력'을 가진 모양입니다. 권력 앞에서 형이 동생을, 삼촌이 조카를, 때로는 아버지가 아들을 죽이는 일이 역사에서 드물지 않게 일어나곤 하니까요. 왕정 시대 이후 근대 민주주의 사회가 시작된 이후에도 정치인들은 권력을 잡기 위해 치열하게 경쟁하고 있습니다.

그런데 13세기 유럽 신성로마제국에서는 이와 정반대로 제후들이 서로 왕관을 마다하는 바람에 황제 자리가 20년 가까이 비어 있던 때가 있었어요. 이 시기를 대공위시대(Great Interregnum·1254~1273년)라고 합니다. 선거마다 후보들은 서로 당선이 되려고 하는데, 대공위시대에는 왜 아무도 황제가 되지 않으려 했던 걸까요?

고대 서로마제국이 게르만족의 이동으로 무너진 뒤 서유럽은 오랫동안 분열의 시대를 보냈습니다. 7~8세기에는 이베리아반도를 점령한 이슬람 세력이 피레네 산맥을 넘어 서유럽 세계를 공격했고요. 이런 위기 상황에서 프랑크 왕국의 유능한 신하였던 카롤루스 마르텔이 이슬람의 침공을 막아냈어요. 서유럽 세계의 영웅이 된 카롤루스 마르텔은 프랑크 왕국의 실권을 차지하게 되었지요. 나아가 카롤루스 마르텔의 권력을 이어받은 아들 피핀은 강제로 왕을 끌어내리고 자신이 프랑크 왕국의 왕이 되었답니다.

피핀에 이어 왕이 된 카롤루스 대제(742~814년)의 활약으로 프랑크 왕국은 서유럽 대부분 지역을 장악하였어요. 그러자 교황은 카롤루스 대제를 '서로마제국의 후계자'이자 '로마제국의 황제'로 지목하였습니다. 하지만 카롤루스 대제가 죽고 난 뒤 프랑크 왕국은 카롤루스 대제의 손자들에 의해 동프랑크, 중프랑크, 서프랑크 왕국으로 분열되었고, 노르만족이 침입을 받으면서 '로마의 황제'를 계승할 사람도 사라졌어요.

10세기 무렵, 서유럽을 둘러싼 여러 민족이 재차 서유럽을 공격했어요. 이때 동프랑크 왕국(독일 왕국)을 지배하던 오토 1세(912~973년)가 마자르족의 침입을 막아냈고, 교황은 오토 1세를 '로마제국의 황제'로 인정하였어요. 962년 오토 1세가 황제로 즉위하자 사람들은 "마침내 고대 로마제국이 부활하였다"고 말했습니다. 이것이 신성로마제국의 시작이었어요. 이후 독일 왕국의 국왕은 자연히 신성로마제국의 황제를 겸하게 되었습니다.

그런데 신성로마제국의 황제는 선거를 통해 정해졌어요. 물론 이 선거는 오늘날과 다르게 아주 형식적이었습니다. 죽음을 앞둔 황제가 자신의 아들이나 혈족 중에 후계자를 지목하면, 제후들이 선거를 통해 후계자를 새로운 황제로 인정하는 절차였지요. 이는 성인 남성이 모여 다수결을 통해 부족의 지도자를 뽑았던 고대 게르만족의 전통에서 유래한 것입니다.

신성로마제국 초기에는 황제와 교황이 친하게 지냈어요. 황제는 자신의 권위를 뒷받침해주는 교황이 필요했고, 교황은 자신의 권위를 권력과 군사력으로 지켜줄 황제가 필요했기 때문이었죠. 하지만 서유럽 세계가 점차 안정되면서 둘 사이에 갈등이 생기기 시작했습니다. 신성로마제국의 황제들이 독일에서 이탈리아까지 영토를 넓히길 원했기 때문이었어요.

특히 프리드리히 2세(1194~1250년)가 교황이 지배하던 로마를 노리자 황제와 교황의 갈등은 아주 심각해졌습니다. 급기야 화가 난 교황이 프리드리히 황제를 교회에서 파문(破門·신도로서의 자격을 빼앗고 내쫓음)해버렸어요. 중세 서유럽 세계는 기독교가 강력한 힘을 갖고 있었기 때문에, 황제가 파문된 것은 큰 파장을 일으켰습니다. 각 지역을 다스리던 제후들이 파문당한 프리드리히 2세에 대항하여 반란을 일으키기 시작했어요.

각지에서 반란이 이어지자 신성로마제국의 힘은 급격히 약해졌습니다. 힘도 명예도 잃은 황제의 권위도 바닥에 떨어졌고요. 거듭된 반란을 진압하다 지친 프리드리히

2세는 장염에 걸려 죽었고, 그의 아들 콘라드 4세도 황제로 인정받지 못한 채 4년 뒤 죽음을 맞았습니다.

이후 신성로마제국은 '황제가 없는 나라'가 되어버렸어요. 일각에서 "새로운 황제를 뽑아야 한다"는 목소리가 나왔지만, 제후들은 각기 다른 사람을 추천하며 황제 자리를 마다했습니다. 굳이 힘도 권위도 없는 황제가 될 필요가 없다고 생각한 것이죠. 이것이 바로 대공위시대였어요.

하지만 황제 자리가 오랫동안 비어 있자 신성로마제국은 점점 혼란스러워졌습니다. 지방 도시에서 반란이 끊이지 않고 도둑과 강도가 늘어나 교회를 약탈하거나 교황의 영지를 침범하는 일이 벌어졌어요. 그러자 황제와 갈등을 빚었던 교황도 '새로운 황제를 뽑아 혼란을 끝내야겠다'는 생각을 갖게 되었습니다. 이에 교황은 제후들에게 "이번엔 반드시 새로운 황제를 선출해달라. 만약 이번에도 황제를 선출하지 못하면 내 마음대로 황제를 지목하겠다"고 통보했습니다.

교황의 통보에 신성로마제국 황제를 뽑을 권한을 가진 7명의 제후가 선거회의를 열었어요. 그리고 1273년, 스위스 산악지역의 작은 영지를 다스리던 합스부르크 가문 출신인 루돌프 1세(1218~1291년)가 새로운 신성로마제국의 황제로 선출되었습니다. 이전에 열렸던 형식적인 선거와 달리 루돌프 1세는 실질적인 선거를 거쳐 황제가 된 것이죠.

이렇게 대공위시대는 '황제 선거'를 통해 막을 내렸어요. 그리고 이 선거는 이후 유럽 전체에도 큰 영향을 미쳤습니다. 루돌프 1세는 뛰어난 정치력으로 황제의 권한을 다시 강화하였고, 덕분에 향후 600여 년간 합스부르크 가문은 황족 가문으로 유럽 여러 나라에 왕을 배출하며 막강한 영향력을 행사했습니다. '황제 선거'가 작은 귀족 가문을 중세 유럽을 지배한 명문가로 만든 셈이에요.

카탈루냐가 독립을 열망하는 이유

여러분, 혹시 카탈루냐라는 지역을 들어본 적 있나요? 유럽의 남서쪽 끄트머리에 대서양을 향해 튀어나온 곳이 보일 겁니다. 그곳이 바로 이베리아반도인데요, 카탈루냐는 이곳에 있는 나라인 스페인의 한 지역입니다. 축구를 좋아하는 친구들에게는 카탈루냐라는 지명보다는 이 지역의 중심 도시 이름이 더 익숙할 수도 있겠네요. 카탈루냐의 중심 도시가 바로 메시가 소속되었던 유명한 축구팀인 F.C. 바르셀로나가 있는 바르셀로나입니다. 카탈루냐는 지난 2014년, 독립 여부에 대한 주민투표를 진행하기도 했는데, 비록 스페인 정부로부터 인정받지는 못했지만 무려 81퍼센트가 독립에 찬성하는 결과가 나오기도 했습니다. 그렇다면 카탈루냐는 대체 왜 스페인으로부터 독립하려는 것일까요? 여기에는 복잡한 역사적 이유가 있습니다.

이베리아반도는 한때 로마에게 정복당한 적이 있어요. 로마가 멸망한 뒤에는 게르만족의 일파인 서고트 왕국이 건설되었지만, 서고트 왕국이 혼란한 틈을 타 이번엔 이슬람 군대가 지중해를 건너 이베리아반도까지 쳐들어왔습니다. 7세기 아라비아반도에서 형성된 이슬람 세력은 8세기 초 북아프리카까지 확산된 상태였거든요. 이슬람교도들은 7년 만에 북서쪽의 고산지대를 제외한 이베리아반도 전체를 점령했습니다. 그리고 이베리아반도 북쪽의 피레네 산맥을 넘어 유럽 중앙으로 진격하고자 했어요. 이때 게르만족의 다른 일파인 프랑크족이 세운 프랑크 왕국이 이슬람족의 공격을 막아내었지요. 이후 프랑크 왕국의 왕 카롤루스 대제 때는 힘을 키워 유럽인들이 거꾸로 이베리아반도의 이슬람을 공격하고, 이슬람으로부터 나라를 지키기 위해 피레네 산맥 근처에 '변경백'이라는 특별한 귀족들을 임명해 방어하도록 했습니다. 변경백이 임명된 지역은 변경백령이라고 했어요. 바로 그 변경백 가운데 한 사람이 바로 바르셀로나 변경백이었고, 바르셀로나 변경백이 주변 지역을 흡수하면서 오늘날 카탈루냐 지역 전체를 장악하게 됩니다. 이베리아 나머지 지역과는 구분되는 카탈루냐의 역사는 이때부터 시작되었다고 할 수 있겠지요.

한편 이슬람교도들에게 이베리아반도를 빼앗긴 유럽 사람들은 다시 힘을 길러 이베리아반도의 이슬람 세력을 공격하기 시작했습니다. 이 싸움을 재정복 운동이라고 해요. 재정복 운동은 무려 800년에 걸쳐 진행되었습니다. 재정복 운동을 하면서 이베리아반도에는 다시 가톨릭교도들의 나라인 카스티야-레온, 나바라, 포르투갈, 아라곤 등의 여러 나라가 세워졌습니다. 그중 아라곤의 왕이 죽자 아라곤의 귀족들은 이웃 나라인 카스티야의 팽창에 맞서기 위해 아라곤의 공주를 바르셀로나 백작과 결혼시켜 아라곤-카탈루냐 연합 왕국이 탄생했고(1137년), 긴 시간이 지난 후 카스티야의 이사벨라 여왕과 아라곤의 페르디난드왕이 결혼하면서 이베리아반도 전체가 하나의 나라로 합쳐지게 되었어요(1469년). 이 나라가 바로 스페인 왕국입니다.

그런데 카탈루냐 사람들은 스페인 왕국으로 통합된 것이 마음에 들지 않았어요. 카스티야가 농업 위주의 낙후된 지역이었던 것에 비해, 카탈루냐는 이미 중세 시대부터 지중해 무역으로 크게 번성해 매우 부유한 지역이었습니다. 그만큼 자존심도 강했지요. 게다가 카탈루냐 사람들은 영국과의 상업 경쟁에서 스페인 정부가 자신들을 보호해주길 바랐는데 카스티야의 귀족들은 스페인 국내 산업의 보호에 관심이 별로 없었습니다. 그래서 카탈루냐 사람들은 스페인으로부터 독립하려는 시도를 합니다. 당시 스페인의 왕이 후계자 없이 죽자 먼 친척이었던 프랑스와 신성로마제국이 스페인의 왕위를 두고 싸웠는데, 이 전쟁을 스페인 왕위계승 전쟁이라고 해요. 카탈루냐 사람들은 이때가 독립의 기회라고 생각하고 신성로마제국의 편에 섰습니다. 그러나 전쟁은 결국 프랑스의 필리프가 스페인의 왕위를 계승하는 것으로 끝이 났고, 카탈루냐와 바르셀로나는 프랑스 군대에 의해 점령당하고 말았지요. 카탈루냐는 모든 자치권을 박탈당하는 처지가 되었습니다.

이후 잠시 자치권을 되찾기도 했던 카탈루냐는 20세기에도 스페인 내전이라는 비극적인 사건으로 자치권을 박탈당합니다. 스페인이 세계대전과 경제 불황으로 혼란해지자 이 틈을 노려 프랑코 장군을 중심으로 전체주의자들과 군인들이 쿠데타를 일으켰고, 이에 대항해 민주주의를 지지하는 전 세계 청년들이 스페인으로 모여들었어요. 그리고 그렇게 모인 청년들의 중심에 카탈루냐가 있었지요. 청년들 가운데는 『무기여 잘 있거라』, 『누구를 위하여 종은 울리나』로 유명한 헤밍웨이도 있었고, 『1984』, 『동물농장』으로 유명한 조지 오웰도 있었습니다. 특히 조지 오웰은 이때의 경험을 바탕으로 『카탈루냐 찬가』라는 소설을 쓰기도 했지요. 그는 스페인에서의 경험이 자신의 모든 것을 뒤바꿔놓았으며, 이후 자신의 모든 작품들은 직접적으로든 간접적으로든 전체주의에 반대하고자 쓴 것이라고 토로하기도 했습니다. 그러나 결국 프랑코와 전체주의자들의 승리로 내전은 끝났고, 끝까지 프랑코에 저항했던 카탈루냐는 다시 한번 모든 자치권을 박탈당하고 탄압받게 됩니다. 이때 프랑코는 카탈루냐 사람들의 언어인 카탈루냐어도 금지시켰어요.

프랑코의 독재가 끝나고 이제는 카탈루냐도 자치권을 되찾았지만, 이러한 역사적 배경으로 인해 카탈루냐는 스페인의 다른 지역과는 뿌리가 다르다는 생각을 가지고 있어요. 그래서 카탈루냐 사람들은 지금도 스페인어가 아니라 카탈루냐어를 사용하고 있습니다. 스스로에 대해서도 스페인 사람이 아니라 카탈루냐 사람이라고 말한다고 해요. 그리고 이런 민족 감정 위에, 최근의 경제 위기는 카탈루냐의 분리독립 움직임을 더욱 부추기고 있습니다. 재정복 운동 당시부터 풍요로운 지역이었던 카탈루냐는 현대에 이르기까지 꾸준히 그 부를 유지하고 있는데요, 지금도 면적은 스페인 전체의 10퍼센트에 불과하지만 스페인 국내총생산의 20퍼센트 가까이 차지할 정도로 부유한 지역입니다. 그런데 스페인 중앙정부가 카탈루냐에서 세금을 걷어 다른 지역을 발전시키는 데 사용하자 자신들의 부가 빠져나간다고 생각하고 이에 불만을 품고 분리독립을 주장하는 것이지요. 그래서 조만간 다시 분리독립에 대한 찬반투표를 진행할 예정이라고 합니다. 이 문제는 단지 카탈루냐와 스페인 중앙정부의 문제는 아닌데요, 스페인 내에는 카탈루냐 이외에 바스크라는 지역도 분리독립을 주장하고 있기 때문입니다. 그뿐만 아니라 같은 유럽 내에는 스코틀랜드가 영국과 분리하려는 움직임을 보이고 있고, 세계적으로 보자면 중국도 티베트, 위구르 자치구 등이 분리독립을 주장하고 있기 때문입니다. 이들도 모두 카탈루냐처럼 현재 통합된 나라와는 다른 역사적 배경을 가진 지역들이죠. 우리는 어쩌면, 근대 이래 형성되어온 국민국가가 붕괴되는 시대를 목격하고 있는지도 모릅니다. 이것이 우리에게 어떤 영향을 미치게 될까요?

영국과 스페인의 지브롤터 영토분쟁

몇 년 전 스페인 정부는 이베리아반도의 영국령 지브롤터에 대해 영유권을 주장하고 나섰습니다. 영국이 브렉시트로 EU 탈퇴를 결정하자 EU의 지지를 바탕으로 지브롤터를 스페인령으로 되찾아오고자 시도한 것이지요. 이에 영국 정부는 지브롤터 주민들의 동의 없이는 지브롤터를 스페인에 돌려주지 않겠다고 선언했습니다. 지브롤터 주민들의 다수가 영국령으로 남기를 희망하는 상태이니, 사실상 지브롤터를 돌려주지 않겠다고 선언한 것이지요. 그런데 이상합니다. 지브롤터는 유럽 대륙의 이베리아반도에 위치한 지역입니다. 영국과는 한참 멀리 떨어져 있지요. 오히려 스페인과 접해있는 지역이에요. 그렇다면 지브롤터는 언제부터, 왜 영국령이 되었을까요?

지브롤터는 유럽 대륙과 아프리카 대륙이 마주보는 지역에 위치해있는 지역입니다. 고대 그리스 로마인들은 이곳을 헤라클레스의 기둥이라고 불렀다고 해요. 그리스 신화의 영웅인 헤라클레스는 헤라 여신이 내린 광기로 자신의 아이들을 죽인 뒤, 그 죗값을 치르기 위해 12가지 노역을 수행했습니다. 그 노역 가운데 게리온의 소떼를 몰아오는 노역이 있었는데, 에일리테이아 섬에서 소떼를 몰아오던 헤라클레스는 바다를 건너기 위해 아틀라스 산을 무너뜨렸어요. 그리스 로마인들은 이 무너진 산의 일부가 오늘날 지브롤터가 되었다고 생각했던 것이지요. 지브롤터와 아프리카 사이의 해협인 지브롤터 해협은 아프리카에서 유럽으로, 유럽에서 아프리카로 건너가는 통로이기도 합니다. 이 해협은 가장 좁은 곳이 14킬로미터에 불과해서 오래전부터 유럽과 아프리카를 오가는 데 이용되었어요. 고대 로마와 카르타고 사이에 전쟁이 발생했을 때는 카르타고의 장군 한니발이 바로 이 지브롤터 해협을 건너 에스파냐 지방을 공격하면서 2차 포에니 전쟁이 시작되기도 했습니다. 로마인들이 남쪽으로부터의 공격에 대비하고 있을 때 한니발은 이베리아반도를 지나 알프스 산맥을 넘어 로마를 공격했고, 예상 밖의 방향으로부터 시작된 전쟁에 로마인들은 큰 혼란에 빠지기도 했지요.

오랫동안 헤라클레스의 기둥이라고 불리던 이 지역은 이슬람의 침공 이후 지브롤터로 이름이 바뀌게 되었습니다. 아프리카의 동편 아라비아반도에서 처음 나타난 이슬람교는 곧 아라비아반도 전체를 통일한 뒤 사산 왕조 페르시아를 멸망시켰고, 이어서 유럽 방면으로 공격을 시작했습니다. 그러나 동유럽 지역에는 비잔티움 제국이 버티고 있어 진로가 막혔어요. 그러자 이슬람 제국은 진로를 바꿔 북아프리카 지역을 점령하기 시작했습니다. 이윽고 북아프리카의 서쪽 끝에 도달한 이슬람 교도들은 지중해를 건너 이베리아반도를 공격했지요. 이베리아반도에는 게르만족의 일파인 서고트족의 나라가 있었습니다. 그런데 서고트족은 왕위 세습제가 확립되어 있지 않아 왕위 계승 때마다 다툼이 끊이지 않았어요. 결국 왕위 다툼을 하던 서고트의 한 귀족이 바다 건너 이슬람 교도들을 이베리아반도로 끌어들이면서 이슬람 사람들의 유럽 침공이 시작되었습니다. 당시 이슬람 교도들이 아프리카에서 유럽 대륙으로 건너갈 때 통과한 바다가 바로 지브롤터 해협이었습니다. 바다를 건넌 이슬람 교도들은 '헤라클레스의 기둥'을 점령했는데요, 이때 이슬람군을 이끌던 장군의 이름은 타리크 이븐 지야드였어요. 이에 이슬람 교도들은 '헤라클레스의 산'을 '타리크의 산'이라는 의미의 아랍어인 '자발 타리크(Jabal Ţāriq)'라고 불렀고, 이 명칭이 전해져 지브롤터가 되었다고 합니다. 바다를 건너온 이슬람 교도들은 7년 만에 북서쪽의 고산지대를 제외한 이베리아반도 전체를 점령하고 서고트 왕국을 멸망시켰습니다. 유럽 중앙으로까지 진격하려던 이슬람 교도들은 그러나 프랑크 왕국의 궁재였던 카를 마르텔에게 패하며(투르-푸아티에 전투) 진격을 멈췄습니다. 하지만 이후로도 이베리아반도에 대한 지배는 유지되었고, 지브롤터 역시 1492년 유럽인들의 재정복 운동이 완료될 때까지 이슬람 교도들의 지배를 받았지요. 그래서 스페인 남부 지역에 가면 오늘날에도 이슬람의 흔적이 많이 남아있다고 합니다.

유럽인들의 재정복 운동 이후 이베리아반도에는 에스

파냐가 세워졌습니다. 에스파냐는 18세기 무렵 합스부르크 가문의 통치를 받고 있었는데요, 합스부르크 가문은 당시 유럽 최고의 명문가였습니다. 그들은 신성로마제국의 황제 자리와 독일의 국왕, 오스트리아 대공, 에스파냐 국왕의 자리를 모두 장악하고 있었지요. 그러나 합스부르크 가문은 결혼을 통해 가문의 힘을 모으고 세력을 강화하는 과정에서 반복적으로 근친혼을 했기 때문에, 결국 유전적인 결함이 중첩되어 에스파냐 왕가에서는 카를로스 2세를 마지막으로 후사가 끊어지게 되었습니다. 자식이 없는 카를로스 2세에게는 왕위 계승 후보자가 두 명 있었습니다. 첫 번째는 프랑스 국왕 태양왕 루이 14세의 손자인 앙주 공작 필리프였고, 두 번째는 신성로마제국의 황제 레오폴트 1세의 둘째 아들 카를 대공이었습니다. 루이 14세와 레오폴트 1세 모두 카를로스 2세의 누이와 결혼했기 때문에 앙주 공작 필리프는 카를로스 2세의 조카 손자였고, 카를 대공은 조카였기 때문이지요. 카를로스 2세는 죽기 전 자신의 전 영토와 왕위를 프랑스 국왕 루이 14세의 손자인 앙주 공작 필리프에게 물려주겠다고 유언을 남겼습니다. 그러자 유럽 여러 나라가 발칵 뒤집어졌습니다. 이 계승을 통해 프랑스가 에스파냐를 흡수하면 유럽 국제정치의 세력균형이 완전히 파괴될 것을 우려한 것이지요. 결국 영국·네덜란드·오스트리아를 주축으로 대동맹을 결성한 유럽 여러 나라들은 오스트리아 합스부르크 가문의 차남인 카를 대공을 에스파냐의 왕으로 추대할 것을 결의하고 프랑스를 공격했습니다. 프랑스도 에스파냐 왕위를 포기하지 않고 이에 맞서 싸우면서 에스파냐 왕위 계승 전쟁(1701~1713)이 발생했지요. 전쟁은 격렬했지만 프랑스가 다른 나라들의 예상보다 잘 싸운 탓에 전쟁은 쉽게 끝나지 않았습니다. 게다가 전쟁이 진행되는 와중에 카를 대공의 형이자 레오폴트 1세의 장남인 요제프 1세가 아들 없이 사망하면서 문제가 복잡해졌습니다. 카를 대공이 오스트리아와 신성로마제국의 황제로 즉위해버린 것이지요. 프랑스가 에스파냐와 통합해 초강대국이 되는 것을 저지하기 위해 시작된 전쟁인데, 이대로 동맹군이 승리해 카를 대공이 에스파냐의 왕위를 계승하면 오스트리아와 신성로마제국에 에스파냐까지 포함하는 또 다른 초강대국이 등장할 상황이었거든요. 결국 에스파냐 왕위 계승 전쟁은 프랑스의 루이 14세가 위트레흐트 조약에서 에스파냐를 프랑스에 합병하지 않겠다고 약속하면서 종결되었습니다. 이 조약의 결과 프랑스, 오스트리아

등은 에스파냐 합스부르크 왕가가 보유하고 있던 유럽 내 영토를 분할하여 흡수하였습니다. 특히 영국이 얻은 이익이 막대하였는데, 영국은 이 조약을 통해 프랑스로부터 아메리카 대륙의 여러 지역들을 양도 받았으며, 특히 에스파냐로부터는 지브롤터를 할양 받고 에스파냐 식민지에 대한 노예 공급권을 획득했습니다. 오늘날 지브롤터가 영국령에 포함되어 있는 것도 에스파냐 왕위 계승 전쟁의 결과인 것이지요.

지브롤터 해협은 대서양과 지중해를 연결하는 중요한 통로입니다. 수에즈 운하가 개통되기 전까지 지브롤터 해협이 봉쇄되면 지중해는 사실상 호수나 다를 바가 없지요. 영국은 이 지역을 장악함으로써 지중해의 제해권을 장악할 수 있었습니다. 제2차 세계대전 당시 히틀러와 나치 독일도 지중해의 제해권을 장악하기 위해 많은 노력을 기울였지만, 지브롤터를 장악하고 있는 영국 해군에 의해 번번이 제지되었답니다. 스페인이 지브롤터를 되찾으려 시도하자 영국이 지브롤터를 지키기 위해서는 모든 수단을 고려할 수 있다는 강경한 입장을 드러낸 것도 이런 이유에서랍니다.

근대 헌법의 뿌리,
'마그나카르타'

2017년 3월 10일, 헌법재판소는 재판관 8명 전원 일치로 대통령 파면을 결정했어요. 현직 대통령이 파면된 것은 우리나라 역사상 처음 있는 일이지요. 헌재는 파면을 결정한 이유 중 하나로 "헌법수호 의지가 보이지 않았다"고 말했어요. 대통령이 헌법을 위반했을 뿐 아니라 이를 바로잡으려는 노력도 부족했기 때문에 파면할 수밖에 없었다는 것이죠.

헌법은 국민의 기본권을 보장하는 동시에 국가의 통치

방법을 규정하는 최상위 법입니다. 대통령뿐 아니라 모든 국민은 반드시 헌법을 지켜야 하지요. 모두가 헌법을 지키고 통치 행위도 헌법을 벗어나지 않아야 시민이 가진 권리를 제대로 보장할 수 있기 때문이에요.

우리나라뿐 아니라 다른 민주주의 국가도 한 공동체의 모든 생활이 헌법을 벗어나면 안 된다는 입헌주의를 따릅니다. 이렇게 여러 나라에서 헌법을 중요하게 여기는 이유를 역사를 통해 알아볼까요?

13세기 초 영국에서는 국왕을 원망하는 목소리가 커지고 있었어요. 1199년 왕좌에 오른 존(1167~1216) 왕이 연이어 전쟁을 일으켰지만 번번이 패배했기 때문이죠. 존 왕의 아버지인 헨리 2세가 국왕일 때 영국은 프랑스 영토의 절반을 차지하고 있었는데, 존 왕이 번번이 전쟁에서 진 탓에 그 땅을 대부분 잃어버리고 말았답니다. 화가 난 영국 사람들은 존 왕을 가리켜 '땅을 많이 잃은 왕'이라는 뜻의 '실지왕'(John The Lackland)이라는 별명을 지어주었어요.

하지만 존 왕은 "잃어버린 땅을 되찾아야 한다"며 전쟁을 멈출 생각을 하지 않았답니다. 급기야 전쟁에 필요한 돈을 마련하기 위해 세금을 더 걷기 시작했어요. 그러자 몇몇 귀족이 "더 이상 병사나 세금을 내놓지 않겠다"며 존 왕에게 맞서기 시작했습니다. 당시 귀족들은 선대 왕인 리처드 1세의 십자군 원정 탓에 많은 세금을 내어 불만이 많았는데, 존 왕이 더 많은 세금을 요구하자 참았던 불만을 터트리기 시작한 것이죠.

그럼에도 존 왕은 아랑곳하지 않고 전쟁을 일으켰고, 여느 때와 다르지 않게 또 패배하고 말았어요. 더 이상 참을 수 없다고 생각한 귀족들은 기사들을 이끌고 존 왕이 있는 런던으로 달려갔습니다. 인기가 땅에 떨어진 존 왕은 귀족들의 무력시위에 굴복해야 했고, 결국 그들이 내민 양피지에 서명을 했지요. 1215년 존 왕이 서명한 이 양피지가 바로 근대적 헌법의 토대로 여겨지는 '마그나카르타(Magna Carta·대헌장)'입니다. 마그나카르타에는 귀족 의회 승인 없이 국왕이 마음대로 세금을 부과할 수 없고, 재판이나 법률에 근거하지 않고 사람을 체포하거나 국외로 추방하지 못하도록 하는 내용 등이 담겼어요. 사고뭉치 실지왕이 더 이상 폭압적인 통치를 하지 못하도록 재갈을 물린 것이죠.

그전까지 영국 국왕은 마음대로 법을 만들고 그 법을

스스로 어겨도 되는 초월적인 존재였지만, 마그나카르타가 등장하자 상황이 달라졌어요. 왕도 반드시 따라야 하는, 왕보다 더 높은 법이 만들어진 것이죠. 또 사람들은 '시민은 왕도 침해할 수 없는 고유한 권리를 갖고 있다'는 생각을 하기 시작했습니다.

마그나카르타는 오직 귀족의 권리만 보장했다는 한계가 있지만, 이후 300여 년간 국왕을 견제하고 귀족과 평민의 권리를 보호하는 영국 의회제도가 발전하는 기틀이 되었어요. 훗날 평민들이 자신의 권리를 주장하거나 부당한 왕의 통치에 저항할 때에도 마그나카르타는 그 근거가 되었고요. 영국 국왕이 의회와 시민의 권리와 자유를 재차 보장한 권리청원과 권리장전의 뿌리이기도 합니다. 근대적 헌법도 마그나카르타처럼 전제정치에 맞서 개인의 생명과 재산 등 기본권을 지키는 과정에서 탄생했어요.

1787년 마련된 미국의 헌법은 세계 최초의 근대적 성문헌법(문자로 적어 표현하고 문서의 형식을 갖춘 헌법)입니다. 그전에도 여러 성문법이 있었지만, 미국 헌법처럼 통치 조직을 규정하는 동시에 개인의 자유와 권리를 보장한다고 명확하게 적어 놓은 법은 없었어요.

미국의 헌법도 개인의 권리를 위한 투쟁의 산물입니다. 영국이 식민 지배를 하던 시절 아메리카 대륙으로 이주한 사람들은 종교적 자유와 일정한 자치권을 인정받고 있었어요. 그런데 1763년 경제 사정이 나빠진 영국이 아메리카 식민지에 더 많은 세금을 요구하면서 갈등이 시작되었답니다. 식민지 사람들은 "우리가 동의하지 않은 부당한 세금을 낼 수 없다"며 맞섰고, 이는 1776년 독립선언과 영국과의 독립전쟁으로 발전하였어요. 이 전쟁에서 식민지 민병대가 승리를 거두면서 미국이라는 나라가 탄생한 것이죠.

영국 정부의 강압을 딛고 독립을 이끈 당시 미국의 지식인들은 미국 정부가 영국 정부처럼 개인의 자유와 권리를 침해하지 못하도록 하는 것이 가장 중요한 일이라고 생각했습니다. 이에 통치 조직을 분산하고 개인의 권리를 보장하기 위한 수단으로 성문헌법을 택한 것이죠. 이렇게 헌법은 오늘날에도 민주주의와 시민의 기본권을 지키는 가장 중요한 규칙이자 수단으로 여겨지고 있습니다.

한편 우리나라 최초의 헌법은 1919년 대한민국 임시정부가 제정했습니다. 이후 독재와 민주화 운동을 거쳐 1948년 정부 수립 후 정식 헌법이 제정되었고, 이후 5번의 전면 개정을 거쳐 6번째 헌법을 운용하고 있지요. 지금 대한민국을 제6공화국이라 부르는 이유입니다. 1987년에 전면 개정된 현행 헌법은 개정된 지 30년을 훌쩍 넘겼기에 다시 한번 손볼 때가 되었다는 것이 중론입니다. 그러나 독재자에 의해 헌법이 훼손되는 것을 막기 위해 개정 절차를 몹시 까다롭게 만들어서 쉽게 고치지 못하는 문제를 안고 있습니다.

종교개혁이 불러온 유럽 세계의 변화

2017년은 종교개혁이 시작된 지 500주년이 되는 해였습니다. 종교개혁이 시작된 독일에서는 종교개혁을 기념하는 여러 행사가 열리고 종교개혁을 일으킨 마르틴 루터(1483~1546)의 유적을 찾는 관광객이 세계 각지에서 몰려들었죠. 1517년 루터로부터 시작된 종교개혁은 기독교뿐 아니라 유럽 세계에 큰 변화를 일으켰어요. 나아가 유럽 문명이 중세를 벗어나 근대로 발전하게 된 중요한 계기가 되었답니다. 이번에는 종교개혁이 어떤 변화를 불러

왔는지 함께 알아보도록 해요.

유럽의 중세는 로마 가톨릭교가 사회 전반을 지배한 시대였어요. 로마 가톨릭교의 수장인 교황은 왕보다 더 강력한 권위로 각국 정치·군사·사회 문제에 깊숙이 관여했답니다. 교황 뜻을 거역하면 곧 신의 뜻을 거부하는 것으로 받아들여 추방하거나 사형에 처할 큰 죄로 여겼어요.

15~16세기 무렵 오랜 시간 막강한 힘을 휘두른 교회와 성직자들이 부패하면서 부정 축재를 일삼고 황제·군주와 결탁해 농민들을 착취하는 일이 흔해졌어요. 그러자 이를 비판하는 사람도 하나둘 늘어났답니다. 법학자의 길을 포기하고 신부가 된 루터도 그중 하나였지요. 당시 교황청은 성 베드로 대성당을 증축하고자 사람들에게 면벌부(2003년 7차 교육과정 개편으로 '면죄부'가 '면벌부'로 바뀜)를 팔았어요. "면벌부를 산 사람은 아무리 죄를 지어도 지옥에 가는 벌을 받지 않고 천국에 갈 수 있다"며 신도들을 상대로 장사를 벌인 것이죠. 이를 보다 못한 루터는 면벌부를 파는 교황청과 로마 가톨릭교의 문제를 지적하는 '95개조 반박문'을 발표하였답니다.

사실 루터는 종교개혁을 벌일 생각은 없었어요. 부패한

교회와 교황청을 비판하며 자신이 생각한 진정한 신앙을 주장했을 따름이었죠. 하지만 루터의 반박문은 교황과 황제의 억압을 받던 제후와 농민의 큰 지지를 얻었어요. 교황청은 루터를 파문하고 신교를 탄압했지만 오히려 신교도는 짐점 늘어났고, 독일은 루터를 지지하는 신교 세력과 황제와 교황청을 지지하는 구교 세력으로 나누어지게 되었어요.

로마 가톨릭교의 변화를 주장하는 종교개혁의 불길은 독일을 넘어 유럽 곳곳으로 번져나갔어요. 스위스 제네바에서 활동한 신학자 장 칼뱅(1509~1564)의 프로테스탄트도 큰 호응을 얻으며 영국·프랑스·네덜란드 등에서 신자가 늘어났답니다. 그러자 유럽 곳곳에서는 신교도와 구교도 간 유혈 충돌이 벌어졌어요. 1572년 샤를 9세를 대신해 프랑스를 통치하던 섭정 카트린 드메디시스가 프랑스 신교도 지도자들을 유인해 살해하고 6일 만에 신교도 3,000여 명이 구교도에게 죽임을 당한 성 바르톨로메오의 학살이 대표적입니다.

두 세력의 갈등은 급기야 국가 간 전쟁으로도 번졌어요. 1618년 보헤미아(오늘날 체코) 왕이자 신성로마제국 황제인 페르디난트 2세가 종교의 자유를 보장하는 칙령을 취소하자 신교도가 반란을 일으키면서 30년 전쟁이 시작되었습니다. 신교 국가였던 덴마크와 스웨덴이 신성로마제국이 다스리던 독일을 침공하자 구교 국가인 스페인이 신성로마제국을 지원하였어요. 신교 국가였던 네덜란드는 스페인을 상대로 독립 전쟁을 벌였고요. 독일 전역은 유럽 각지에서 몰려든 신교도와 구교도가 피를 흘리며 싸우는 전쟁터로 변했어요.

유럽 최후의 종교전쟁인 30년 전쟁은 프랑스의 지원을 받은 신교 국가의 승리로 끝났어요. 계속된 전쟁과 끊임없는 약탈, 학살로 독일은 인구의 3분의 1이 목숨을 잃었고 국토는 쑥대밭이 되었지요. 1648년 30년 전쟁을 끝내는 베스트팔렌 조약이 체결되면서 신교도는 종교의 자유를 얻었어요. 신교를 믿어도 더 이상 탄압받지 않게 된 것이죠.

종교개혁은 종교의 자유를 가져왔을 뿐 아니라 유럽 세계 전체를 완전히 바꾸어 놓았어요. 베스트팔렌 조약으로 중세를 지배하던 로마 가톨릭 교회와 신성로마제국은 힘을 잃었습니다. 교황의 간섭에서 벗어난 군주들은 근대적인 국가와 절대왕정을 발전시킬 수 있게 되었지요.

그뿐만 아니라 종교개혁은 자본주의 발전에도 크게 이바지했어요. 중세 기독교는 부를 쌓고 상공업에 종사하는 것을 부정적으로 보았어요. 반면 프로테스탄트는 사유재산을 긍정하고 근면 성실하게 일해 자본을 모으는 것을 신의 축복이라고 여겼습니다. 그 결과 부를 많이 쌓은 상공업자들이 자본가가 되면서 자본주의가 발전하게 되었지요. 근대를 대표하는 평등, 자유, 이성과 같은 가치도 종교의 자유와 신 앞의 평등을 주장한 종교개혁을 거쳐 발전하게 되었어요.

청교도(Puritan)와 장로교회

영국에서 칼뱅의 프로테스탄트를 따르는 신자를 청교도라고 불렀어요. 청교도는 크게 스코틀랜드의 종교개혁가 존 녹스의 영향을 받은 장로파와 철저한 신앙의 자유를 주장한 독립파로 나뉘어 있었답니다.

제임스 1세와 찰스 1세가 청교도를 탄압하자 청교도 장로파 일부는 영국의 식민지였던 미국으로 넘어갔어요. 이들은 장로를 중심으로 교회를 운영하는 미국 장로교회를 세웠지요. 미국 장로교는 선교사 언더우드를 통해 우리나라에 전해졌고, 오늘날 한국 개신교의 약 70퍼센트를 장로교가 차지하고 있습니다.

날개를 단 기병대, ‘윙드 후사르’

최근 우리나라는 경항공모함 도입을 둘러싸고 다양한 논의가 진행 중입니다. 경항공모함 도입 찬성 측과 반대 측 모두 저마다의 이유를 제시하고 있지만, 국방력을 강화하는 것이 중요하다는 것을 부정하는 입장은 거의 없습니다. 경항공모함이 어느 정도로 우리 국방에 도움을 줄 것인가를 둘러싼 논의들이 있을 뿐이지요. 세계 6위 수준의 국방력을 지니고 있음에도 불구하고 1위부터 5위까지 다섯 개 국가 중 네 개 국가가 우리를 둘러싸고 있는 현실에서, 우리 스스로를 지키기 위해서는 국방력 강화가 꼭 필요하다는 것에는 모두들 공감하고 있기 때문입니다. 20세기 초의 외세 침탈 과정을 겪으며 깨닫게 된 '스스로를 지킬 힘이 없으면 언제든 다른 나라의 공격을 받을 수 있다'는 역사의 교훈을 잊지 않고 있는 것이지요.

실제로 역사 속 강대국들은 늘 그에 걸맞은 신식 무기나 강한 군대를 갖추고 있었습니다. 역사의 변방에 머물던 폴란드 왕국이 16~17세기 광대한 영토를 차지하며 전성기를 누릴 수 있었던 것도 강력한 군사력이 뒷받침되었기 때문이었죠.

독일과 러시아 사이에 위치한 폴란드는 약 10세기 무렵 그 역사가 시작되었어요. 하지만 스웨덴, 러시아, 오스만 튀르크 등 여러 강대국이 주변에 있어 좀처럼 세력을 펴지 못했지요. 그런데 16세기부터 세력을 키우기 시작해 리투아니아 대공국과 연합왕국(폴란드-리투아니아 연합왕국)을 구축했고, 17세기에 들어서는 오늘날 발트 3국(에스토니아·라트비아·리투아니아)과 벨라루스, 우크라이나 일대를 차지한 유럽 최강대국 중 하나로 거듭났지요.

그 배경에는 '윙드 후사르(winged hussars·날개 달린 후사르)'라는 강력한 기병대가 있었습니다. '후사르(hussar)'는 당시 동유럽에서 활약한 기병을 가리키는 말로, 헝가리 등 주변 국가에서는 대부분 가벼운 무장을 하고 소규모로 활동하며 적군을 교란하거나 보병을 보조하는 역할을 맡았어요.

하지만 16세기에 등장한 폴란드의 윙드 후사르는 이들과 많이 달랐어요. 튼튼한 쇠갑옷으로 중무장해 적군의 총알에도 거침없이 돌격할 수 있었지요. 이들의 갑옷 등 부위나 말 안장에 달린 화려한 깃털 장식은 윙드 후사르의 상징이었습니다. 이 깃털은 체구를 더 크게 보이도록 해 적군의 기세를 꺾고 공포심을 주는 역할을 한 것으로 보여요. 윙드 후사르의 명성이 유럽 전역에 알려지면서 이 깃털 장식은 더 유명해졌습니다.

화려한 외형과 강력한 전투력을 동시에 갖춘 윙드 후사르는 자신보다 수배 많은 적군도 무참히 짓밟았어요. 단 2,500명의 윙드 후사르가 단 한 번의 돌격으로 1만 2,000명의 스웨덴군을 무너뜨리거나 300명의 윙드 후사르가 1만 5,000명의 오스만 튀르크 군대로 돌격해 1,000여 명을 죽이는 일도 있었지요. 폴란드-리투아니아 연합왕국은 윙드 후사르의 힘을 바탕으로 영토를 넓히고 전성기를 누릴 수 있었습니다.

윙드 후사르의 위력이 가장 잘 드러난 전투는 17세기 말에 벌어진 제2차 빈 포위전이었습니다. 16세기부터 국력이 쇠퇴하던 오스만 튀르크는 1683년 신성로마제국의 국력이 약해진 틈을 타 10만 명이 넘는 군대를 보내 신성로마제국의 요충지였던 빈을 포위하였어요. 빈을 점령하고 서유럽으로 영토를 넓혀 과거의 영광을 되찾으려는 게 오스만 튀르크의 속셈이었습니다.

2만여 명의 신성로마제국 군대와 빈 백성은 성 안에서 오스만 군대의 공격을 잘 버텨냈지만, 두 달 가까이 포위가 계속되고 물자가 떨어지자 점점 힘이 떨어졌어요. 이를 간파한 오스만 군대의 총공세가 펼쳐졌고 결국 빈 성벽의 한쪽이 무너져내렸습니다.

빈이 함락되기 직전이던 그때, 1만 8,000여 명의 윙드 후사르가 모습을 드러냈어요. 신성로마제국의 구원 요청을 받은 폴란드 국왕 얀 3세 소비에스키가 윙드 후사르와 구원군을 이끌고 빈에 도착한 것입니다.

국왕의 돌격 명령을 받은 윙드 후사르는 화려한 날개를 휘날리며 오스만 튀르크 군대로 달려들었습니다. 오스만 군대의 기병이 맞서려 했지만 윙드 후사르의 상대가 되지 못했어요. 윙드 후사르의 용맹한 돌격에 오스만 군대의 진영은 완전히 무너졌고, 심지어 군대 본진까지 점령될 처지에 놓였지요. 뒤이어 6만여 명의 폴란드 군대가 모습을 드러내자 오스만 병사들은 허겁지겁 달아났습니다. 영화 〈반지의 제왕 2〉 후반부에 등장하는 기마 전투 장면도 바로 제2차 빈 포위전에서 윙드 후사르가 펼친 극적인 활약을 본떠 만든 것이죠.

제2차 빈 포위전 패배로 국력을 손실한 오스만 튀르크는 더 이상 유럽을 위협할 수 없을 정도로 급격히 쇠퇴했습니다. 몇몇 역사가는 "제2차 빈 포위전은 서유럽과 오스만 튀르크 사이의 힘의 관계가 역전된 계기"라고 말하지요. 윙드 후사르를 지휘해 제2차 빈 포위전을 승리로 이끈 얀 3세 소비에스키는 "기독교 세계를 구한 인물"로 불리기도 합니다.

하지만 18세기에 들어서자 폴란드 왕국은 급격히 쇠퇴하였어요. 잦은 전쟁으로 국력이 피폐해지고 지도층 내분과 외교적 실수가 겹친 탓입니다. 급기야 1772년에는 프러시아와 오스트리아, 러시아에 의해 나라가 분할되는 비참한 운명을 맞았지요(1차 삼국분할). 후사르도 총의 성능이 좋아지면서 그 역할이 점점 줄어들었고, 제1차 세계대전 때 참호와 철조망, 기관총으로 이루어진 전선(戰線)이 등장하면서 후사르와 기병은 전쟁터에서 완전히 자취를 감추게 되었습니다. 역사의 흐름 속에는 영원한 강자도 영원한 약자도 존재하지 않습니다. 변화하는 시대에 발맞춰 부단히 스스로를 발전시켜야만 그 위치를 지킬 수 있는 것이지요.

로봇 기술의 발전과 러다이트 운동의 한계

과학 기술은 빠르게 발달하고 있습니다. 구글을 비롯한 세계적 기업들은 사람이 운전하지 않고도 도로 주행이 가능한 자율주행 자동차를 개발하고 있으며, 아마존은 2022년 말 무인 항공기인 드론을 활용해 집까지 물건을 배송해주는 아마존 프라임 에어 서비스를 시작할 예정입니다. 2017년 1월 유럽연합 의회는 인공지능 로봇을 '전자인간(electronic personhood)'으로 지정하고, 그에 따른 권한과 지위, 의무를 부여하는 결의를 통과시켰습니다.

이런 기술 발달의 결과 우리는 보다 풍요롭고 안락한 생활을 누리게 될 것으로 기대하고 있습니다. 그렇지만 변화로 인해 오히려 많은 사람들이 일자리를 잃을 것이고, 그 결과 일부 사람들만 풍요로움을 누리고 대다수의 사람들은 실업자로 전락할 것이라는 우려도 있어요. 자율주행 자동차가 개발되면 택시나 버스 운전사라는 직업은 어떻게 되는 걸까요? 드론 택배가 활성화되면 택배 기사라는 직업이 계속 존재할 수 있을까요? 기계의 발전으로 인간의 힘든 노동이 줄어든다면 사람들은 기뻐하겠지만, 그 결과 일자리가 사라진다면 사람들은 분노하곤 합니다. 영국에서 발생했던 러다이트 운동이 바로 그 예이지요.

18세기 영국에서는 산업혁명이 시작되었습니다. 원래 영국은 양털로 만든 옷감인 모직물 산업이 발달한 나라였어요. 그러나 영국이 인도를 식민지화한 뒤 인도에서 싸고 이용이 편리한 면직물이 들어오기 시작하자, 영국도 면직물 공업이 발달하기 시작했습니다. 영국인들은 면을 보다 빠르게, 보다 많이 생산하기 위한 기술적 개량을 거듭한 결과 면사(실)를 대량으로 생산할 수 있는 방적기를 발명했어요. 면사를 이용해 면직물을 생산하는 방직기도 곧 발명되었지요. 덕분에 영국 내에서 면직물의 생산은 크게 늘었습니다. 얼마 뒤에는 방적기와 방직기를 움직이기 위한 동력을 공급하는 증기 기관이 발명되면서 면직물의 생산은 폭발적으로 증가했습니다. 그러나 이러한 성장이 모두에게 행복한 결과를 가져다준 것은 아니었습니다. 기계의 도입으로 일자리를 잃는 사람들이 나타났거든요.

기계가 도입되기 전까지 생산을 담당하던 것은 수많은 숙련노동자들이었습니다. 그들은 오랜 시간 기술을 갈고닦아 질 좋은 제품을 생산하는 능력을 가지고 있었고, 또한 자신만의 독립된 소규모 작업장을 가지고 살고 있었습니다. 그런데 기계가 등장하면서 그들이 손으로 만드는 것보다 훨씬 저렴한 상품들이 등장하면서 숙련 노동자들은 자신의 작업장을 잃고 공장에 취업하게 된 것이지요. 그들은 자유롭게 작업하던 과거를 그리워했습니다. 그래도 기계의 등장 초기에는 견딜만했습니다. 영국의 공업은 나날이 성장했고, 자신의 작업장을 잃은 사람들도 공장에 들어가 먹고살 수는 있었거든요. 그러나 1800년대 영국 침공에 실패한 나폴레옹이 대륙 봉쇄령을 내리며 상황은 달라졌습니다. 대륙봉쇄령의 결과 유럽 대륙의 경제 상황이 악화되어 공황이 찾아왔고, 그 영향을 받아 영국에도 경제난이 닥쳤습니다. 공장 가동률이 줄어들고 대륙의 농산물 수입이 어려워지자 공장 곳곳에서 실업자가 발생했습니다. 결국 일자리를 잃은 노동자들은 자신들의 불행의 원인을 기계 탓으로 돌리고 대규모의 기계파괴 운동인 러다이트 운동(Luddite Movement)을 일으켰습니다.

기계파괴 운동을 러다이트 운동이라고 부른 이유는 무엇일까요? 정말 실존 인물인지 확실하지는 않지만, 그것은 네드 러드(Ned Ludd)라는 인물이 이 운동을 지휘하고 있다는 소문이 있었기 때문입니다. 러다이트 운동이 시작된 것은 1811년 영국 노팅엄에서부터였습니다. 노동자들은 공장을 습격하고 다음과 같은 노래를 부르며 기계를 파괴했어요. "모든 곳에서 우리 모두 일어서리라. 그리고 결단코 맹세하리라. 우리는 가위와 창문까지도 부수겠다. 공장에 불을 지르겠다." 이 운동은 급속히 인근의 요크셔나 랭커셔 등으로 퍼져나갔습니다. 호스필이라는 공장주는 러다이트 운동에 위협을 느껴 기계를 파괴하는 노동자들을 총으로 사살했는데, 이에 대한 앙갚음으로 노동자들에게 살해당했습니다. 이에 정부는 1812년 법을 만들고 군대를 동원해 러다이트 운동을 진압하고, 운동에 참여한 사람들을 교수형에 처했습니다. 결국 여러 해 동안 이어지던 러다이트 운동은 정부의 탄압과 사회적 여건의 변화로 종료되었습니다. 이후 영국의 노동자들은 기계를 파괴하는 대신 의회의 개혁과 선거권을 요구하는 운동으로 방향을 전환했지요.

러다이트 운동이 실패한 이유는 무엇일까요? 그것은 운동을 주도한 사람들이 사회경제적 변화를 제대로 이해하지 못하고 기계에 대해서만 반감을 가졌기 때문일 것입니다. 산업혁명의 결과 노동자들이 불행해진 것은 기계 때문이 아니라, 산업혁명이라는 거대한 변화 속에서 소외된 그들을 위한 제도가 만들어지지 않았던 탓이었지요. 새로운 기술이 발달할 때마다 많은 직업들이 사라지곤 합니다. 그러나 동시에 새로운 일자리가 생기기도 하지요. 다가올 미래 사회가 유토피아가 될 것인지 디스토피아가 될 것인지는 기술의 변화 그 자체가 아니라, 변화에 대한 우리 사회의 대응에 달린 문제입니다.

진실과 국익의 충돌, 드레퓌스 사건

지난 2000년 8월, 익산시 약촌 오거리에서 살인사건이 발생했습니다. 경찰은 당시 근처 다방에서 일하던 15세 최모 씨를 범인으로 지목하고 체포했어요. 그렇지만 경찰은 제대로 조사하기도 전에 최 군을 일단 범인으로 단정했어요. 8월 16일에 최 씨가 일하던 다방에서 흉기를 압수했다는 조서를 작성해놓고, 8월 18일에 최 씨에게 흉기는 어디에 숨겼느냐고 묻는 식이었지요. 최 씨는 경찰의 강요를 이기지 못하고 범행을 인정한 뒤 법원에서 재판을 받는 과정에서 경찰의 강요를 폭로하고 범행을 부인했지만, 법원 역시 최 씨를 유죄로 판결 내렸습니다. 최 씨는 징역 10년형을 확정받아 교도소에 수감되었어요. 이후 다른 경찰들의 노력으로 진짜 용의자를 체포하기도 했지만, 이번에는 검찰이 인정하지 않아 결국 최 씨는 계속 교도소에 수감되었습니다. 10년간의 교도소 생활을 한 끝에 25세에 석방되었지만, 최 씨에게는 전과자라는 낙인이 새겨졌습니다. 출소한 최 씨는 억울함을 호소하며 재심을 신청했고, 다행히도 요청이 받아들여져서 얼마 전 무죄가 선고되었다고 합니다. 하지만 경찰, 검찰, 법원이라는 국가 조직에 의해 한 사람의 인생은 이미 돌이킬 수 없는 상처를 받았습니다. 드러나지 않을 뿐이지, 이런 일은 언제나 있었어요. 특히 정부의 체면이나 국익이라는 미명 아래서요. 이번에는 부당한 국가의 사법 시스템에 의해 발생한 사건인 프랑스의 드레퓌스 사건에 대해 알아보도록 하겠습니다.

1894년, 프랑스의 한 장교가 독일을 위한 스파이 행위를 했다는 죄목으로 체포되었습니다. 장교의 이름은 드레퓌스. 증거는 명백해 보였습니다. 독일 대사관으로 배달된 프랑스 육군 기밀문서가 증거였는데, 문서의 필체가 드레퓌스의 필체와 유사했던 것이지요. 게다가 드레퓌스는 유대인이었습니다. 결국 드레퓌스 대위는 군적 박탈과 무기징역을 선고받았습니다. 연병장에서 사람들이 지켜보는 가운데 공개적으로 군적 박탈식을 진행한 프랑스 당국은 이후 드레퓌스 대위를 '악마섬'이라는 섬으로 유배 보냈습니다. 이렇게 드레퓌스 사건은 마무리되는 듯 보였습니다.

그런데 2년 뒤인 1896년, 프랑스의 정보국장이었던 피카르 중령은 또 다른 간첩 사건을 조사하는 과정에서 진범은 드레퓌스가 아니라 에스테라지 소령이라는 것을 알게 되었습니다. 유출된 기밀문서의 필체는 사실 드레퓌스의 필체와는 일부 유사할 뿐이고, 오히려 에스테라지의 필체와 일치한다는 것을 밝혀낸 것이지요. 피카르는 즉시 상부에 이 사실을 알리고 드레퓌스 사건의 부당함을 바로잡을 것을 건의했지만, 국방부 장관은 피카르를 해외로 파견해서 입을 막아버렸습니다. 재판 결과가 완전히 잘못되었다는 것을 인정할 수 없었던 것이지요. 그럼에도 불구하고 해외로 파견되었다가 국내로 돌아온 피카르는 자신이 알아낸 사실을 친구와 상의했고, 이 얘기를 전해들은 당시 상원 부의장은 본격적으로 드레퓌스 사건의 재심 운동을 시작했습니다. 그리고 에스테라지를 공식적으로 고소했지요. 하지만 자신들의 실수를 인정하기 싫었던 군사 법정은 에스테라지에게 무죄를 선고했어요. 그러고는 피카르를 군사 기밀 누설죄로 체포했지요.

프랑스의 양심적인 사람들은 분노하기 시작했습니다. 특히 프랑스의 대문호 에밀 졸라는 드레퓌스의 유죄와 에스테라지의 무죄, 피카르의 체포라는 현실에 무척 분노했어요. 판결 이틀 후인 1898년 1월 13일, 졸라는 '로로르'라는 작은 신문사에 「공화국 대통령 펠릭스 포르 씨에게 보내는 편지」라는 글을 기고했습니다. 군부와 보수파 인사들이 드레퓌스 재심 운동을 반대한 탓에 큰 신문사에는 실을 수 없었기 때문입니다. 『로로르지』의 편집장 클레망소는 사람들에게 더 강한 인상을 주기 위해 졸라와 상의한 끝에 제목을 「나는 고발한다!」라고 바꿔 실었지요. 그날 『로로르지』는 평소의 10배 이상인 30만 부를 인쇄했지만 모두 다 팔렸다고 해요. 이 도발적인 글을 통해 프랑스 전역은 드레퓌스파와 반드레퓌스파로 나뉘어 격렬한 논쟁을 벌이게 됩니다. 「나는 고발한다!」의 영향력에 놀란 프랑스 정부는 졸라를 고소했고, 결국 1년의 징역형을 선고받은 졸라는 런던으로 망명을 떠나게 됩니다.

오랜 논쟁 끝에 결국 프랑스 당국은 1898년 재심을 받아들였습니다. 에스테라지도 사실은 최초의 기밀문서가 자신이 작성한 문서라는 것을 인정한 상태였지요. 모두들 드디어 드레퓌스의 무죄가 밝혀질 것이라고 기대했습니다. 그럼에도 불구하고 군사 법정은 또 다시 드레퓌스에게 유죄를 선고했습니다. 대신 드레퓌스에게 유죄라는 것을 인정하면 사면해주겠다는 달콤한 제안을 했어요. 사면을 통해 드레퓌스와 드레퓌스파가 조용해지기를 기대한 것이지요. 하지만 사면이라는 것은 죄가 있다는 것을 전제로 한 결정이기 때문에 드레퓌스파는 이를 받아들이기 힘들었습니다. 그들이 오랜 시간 싸워온 것은 드레퓌스라는 개인의 평온한 삶을 위한 것이 아니었기 때문이지요. 그들은 드레퓌스 사건을 통해 국가의 부당한 권력 행사를 막기 위해 싸워왔던 것입니다. 그러나 드레퓌스는 오랜 재판으로 지쳐있었는지 사면 결정을 받아들였어요. 이것은 드레퓌스의 무죄를 위해 싸워온 피카르와 졸라를 곤란하게 만드는 결정이었습니다. 결국 드레퓌스파는 드레퓌스와 멀어지게 되었습니다. 하지만 드레퓌스파는 드레퓌스의 결정과는 별개로 계속해서 드레퓌스의 무죄를 주장하며 싸웠습니다.

사건의 최종적인 해결은 1906년에 달성되었습니다. 드레퓌스는 사면 혜택을 자진 반납하고 명예 회복을 위해 재심을 청구했고, 프랑스의 최고 재판소인 파기원은 드디어 드레퓌스에게 내린 유죄 선고가 오류였음을 인정했어요. 이튿날 프랑스 의회는 드레퓌스와 피카르의 군대 복귀 법안과, 이미 사망한 졸라의 유해를 프랑스의 위인들이 영면하는 장소인 팡테옹으로 이장하는 법안을 통과시켰지요. 기나긴 싸움 끝에 마침내 드레퓌스파가 승리했습니다.

사실 드레퓌스 사건의 배경은 복잡합니다. 프랑스와 독일의 전쟁인 보불전쟁에서 프랑스가 대패한 뒤 독일에 대한 적대감과 프랑스인들의 내셔널리즘은 한껏 고조된 상태였습니다. 게다가 프랑스 군부는 프랑스 혁명 이후 입대한 농촌 귀족 자제들이 장교의 다수를 차지해 보수적이고 폐쇄적인 분위기가 형성되어 있었지요. 프랑스 사람들의 반유대주의 정서도 한몫했습니다. 내셔널리즘과 반유대주의가 만나면서 '독일'에 기밀문서를 전달하려 했던 '유대인'이 스파이로 지목된 드레퓌스 사건이 발생한 것이지요. 결국 국익이라는 미명 아래 희생양을 찾던 정부에 의해 개인의 인생이 망가진 것입니다. 이후 프랑스 정부가 실수를 인정하지 않으려 한 탓에 여러 가지 문제가 발생한 것이고요. 대체 국익이란 무엇일까요? 진실과 국익이 충돌할 때는 어떻게 해야 할까요? 이에 대한 답은 졸라의 「나는 고발한다!」를 읽어 보면 알 수 있을 것입니다. 「나는 고발한다!」의 마지막을 소개하는 것으로 이 이야기를 마치도록 할게요.

"나의 유일한 근심은 진실의 빛이 완전히 그리고 즉시 비치지 않으면 어떡하나 하는 것이다. … 프랑스여, 이 모든 것이 그대의 영광을 위한 것임을 잊지 마라. 사실 나는 아무것도 걱정하지 않는다. … 그대 안에서 진실과 정의는 어김없이 잠 깨는 새벽을 맞을 것이며, 언제나 영웅적으로 떨쳐 일어날 것이다."

근대 복지 제도를 도입한 비스마르크

복지 제도는 국민이 건강하고 안정적인 생활을 할 수 있게 하는 국가·사회 제도를 뜻해요. 부양자와 소득이 없는 사람을 위한 기초생활수급보장을 비롯해 의료보험·산업재해보험·국민연금 등을 대표적인 복지 제도로 꼽을 수 있지요. 사실 복지라는 개념이 등장한 건 얼마 되지 않았어요. 근대 국가의 복지 제도는 국민의 기본적인 권리라는 점에서 전통 사회의 진휼과는 차이가 있습니다. 먼 옛날에도 먹을 것이 부족한 봄에 농민에게 쌀을 빌려주거나 가난한 사람에게 보조금을 주는 정책이 있었지만, '가난한 백성이 불쌍해 나라가 은혜를 베푸는 것'으로 여겼답니다. 오늘날처럼 국민의 복지를 위해 국가와 사회가 책임을 공유하는 복지 제도가 역사에 등장한 건 130여 년 정도밖에 되지 않았어요.

근대적 복지 제도를 처음 만들어낸 사람은 독일의 '철혈재상' 오토 폰 비스마르크(1815~1898)입니다. 19세기 중반까지 독일은 여러 제후국으로 갈기갈기 찢어진 상태로 외세의 간섭을 받고 있었어요. 1862년 신흥 강국으로 떠오른 프로이센의 재상이 된 비스마르크는 독일 통일을 꿈꾸며 군사력을 증강하는 '철혈정책'을 추진했고, 그 결과 덴마크와 오스트리아 제국과의 전쟁에서 승리하며 북독일 연방을 결성했답니다. 이어 1870년에는 강대국 프랑스와 전쟁에서 승리하며 독일을 통일하고 독일 제국을 수립하였어요.

통일된 독일을 강대국으로 발전시키려 했던 비스마르크는 곧 사회주의자와 공산주의자의 거센 반발에 부딪혔어요. 연이은 전쟁과 빠른 산업화로 생계가 어려워지거나 불만에 찬 노동자가 사회주의나 공산주의를 지지하며 사회 운동에 나선 것이죠. 1875년에는 독일사회주의노동당이 결성되어 의회에 진출하고 노동조합 운동도 활발해지면서 노사 대립이 격화되었답니다.

이에 비스마르크는 당근과 채찍을 동시에 꺼내 들었어요. 1878년 사회주의·공산주의 단체를 모두 불법으로 규정하고 노동조합을 해체하는 강경책을 구사하면서 노동자를 포섭하기 위한 최초의 사회 복지 제도를 발표했어요. 1883년 「의료보험법」을 시작으로 공장에서 일을 하다 다친 사람을 위한 산업재해보험, 노인을 위한 노령연금제도 등이 차례로 도입되었답니다. 엄격한 보수주의자였던 비스마르크는 당시로서는 파격적이라고 할 수 있는 복지 제도 도입을 통해 '노동자의 복지와 권리는 사회주의 정당이 아닌 국가가 지켜주겠다'는 메시지를 던진 것이죠.

비스마르크 이후에도 서구에서는 자유방임주의의 한계가 드러나고 사회주의·공산주의 운동이 성장하면서 이에 대응하기 위한 복지 제도가 빠르게 성장했답니다. 1930년대 전 세계를 덮친 경제 대공황은 정부의 시장 개입과 복지 제도의 필요성을 더 부각시켰어요.

더욱 광범위한 복지 제도가 도입된 계기는 제2차 세계대전이었습니다. 수많은 사람이 목숨을 잃었고 생존자도 삶의 터전이 완전히 파괴되면서 국가의 책임과 복지 제도의 필요성이 어느 때보다 절실해진 것이죠.

이에 영국에서는 제2차 세계대전이 한창이던 1942년 전후 영국과 국민의 삶을 재건하기 위한 복지 정책을 담은 '베버리지 보고서'가 발표되었답니다. '결핍·질병·무지·나태·불결'이라는 5가지 중대 문제를 제거할 복지 정책을 제시한 이 보고서는 영국 국민으로부터 큰 호응을 얻었어요.

이후 집권 정당이 된 영국 노동당은 '요람에서 무덤까지'라는 구호를 내세우며 가족수당, 국민보험, 포괄적 의료제도 등 다양한 복지 정책을 펼치며 복지 국가로 나아갔습니다. 베버리지 보고서를 기초로 한 영국의 복지 제도는 큰 호평을 받으며 유럽 곳곳으로 확산되었지요.

하지만 시간이 흐르자 복지 국가도 문제가 생겼어요. 복지 제도가 확산되면서 정부와 공공부문이 비대해졌고, 이 탓에 경제와 사회 전반에 심각한 비효율이 발생했습니다. 과도한 복지에 기대어 무기력과 나태에 빠지는 사람도 늘어났고요. '영국병', '복지병'이라는 말이 생겨날 정도였답니다. 여기에 1970년대 오일쇼크로 전 세계에 경제 위기가 닥치자 경제 호황을 누렸던 복지 국가들의 재원에도 큰 문제가 생겼지요.

영국은 1979년 '철의 여인' 마거릿 대처가 수상이 되면서 복지 제도의 비효율 문제를 해결하기 시작했어요. 대처는 강성 노조와 여러 국민의 반대를 무릅쓰고 세금과 정부 지출, 과도한 복지 지출과 기업 규제를 줄이는 '대처리즘'으로 영국 경제의 부흥을 이끌어냈답니다. 여러 선진국도 과도한 복지는 줄이고 사람들이 열심히 일을 하도록 독려하는 '생산적 복지'라는 개념을 도입하게 되었고요.

오늘날 각국의 복지 제도는 그 나라의 경제 사정과 정치·문화·사회적 차이에 따라 제각각 다르답니다. 지금도 우리나라뿐 아니라 전 세계가 어떤 복지 제도가 더 좋은 것인지를 두고 끊임없이 논쟁을 벌이고 있지요. 앞으로 대선 주자들이 내놓을 여러 복지 공약이 우리나라에 어떤 영향을 미칠지 여러분도 잘 고민해보도록 해요.

기본소득제란?

기본소득제도는 재산이나 소득, 취업 여부나 일할 의지에 상관없이 모든 국민에게 동일한 생활비를 국가가 지급하는 복지 제도예요. 핀란드에서는 2017년부터 실업자 2,000명을 대상으로 2년간 월 560유로(약 70만 원)의 소득을 국가가 지급하는 기본소득제가 시작되었어요.

기본 소득에 찬성하는 입장은 "기본 소득은 근로 의욕을 높이고 불평등 문제를 해결할 뿐 아니라 복지 행정 비용도 줄일 수 있다"고 주장합니다. 반대하는 쪽은 "기본 소득이 근로 의욕을 높이거나 실업 문제를 해결할 수 없고, 오히려 국민의 세금 부담만 더 키울 것"이라고 말해요.

비스마르크의 가짜 뉴스, 엠스 전보

최근 세계는 가짜 뉴스 문제로 홍역을 앓고 있습니다. 사실 과거에도 흥미 위주의 잘못된 정보를 전달하는 일은 드물지 않았습니다. 이처럼 선정적이고 자극적인 기사 위주로 싣는 언론을 황색 언론이라 부르며 멸시하기도 하지요. 그런데 요즘 문제가 되는 가짜 뉴스는 황색 언론과 큰 차이가 있습니다. 황색 언론이 사람들이 흥미를 가질 자극적인 소재를 과장하거나 윤색한다면, 가짜 뉴스는 완전히 거짓된 정보를 실으면서 마치 정식 언론인 것처럼

럼 위장하거든요. 지난 미국 대선에서도 가짜 뉴스는 '교황이 트럼프 지지를 선언했다'거나 '힐러리가 테러 단체에 무기를 판매했다'처럼 날조된 기사를 보도하면서 사람들을 혼란스럽게 만들었습니다. 최근 우리나라에서도 탄핵과 선거 등 국가적 이슈가 있을 때마다 갖가지 가짜 뉴스가 횡행해 많은 사람들을 혼란스럽게 만들고 있습니다. 이 같은 가짜 뉴스는 사람들의 눈을 가리고 선동해 사회 전체를 혼란에 빠뜨린다는 점에서 큰 문제가 되고 있습니다. 역사 속에서도 잘못된 뉴스로 사람들이 흥분해 전쟁이 발생한 적이 있습니다. 이른바 '엠스 전보' 사건으로 촉발된 프로이센-프랑스 전쟁이지요.

19세기 중엽 유럽은 민족주의의 발흥으로 여러 변화가 나타나고 있었습니다. 통일되지 못하고 분열되어 있던 나라들은 민족주의와 함께 통일을 모색하고 있었지요. 독일 또한 마찬가지였습니다. 독일은 중세부터 통일된 국가를 이루지 못하고 수많은 제후들에 의해 분할되어 있었거든요. 게다가 프랑스의 황제였던 나폴레옹 1세에 의해 신성로마제국이 해체되었습니다. 당시 신성로마제국은 허울뿐인 제국이었지만, 그래도 프랑스 사람인 나폴레옹에게 해체되었다는 것은 독일인들의 분노를 불러일으켰어요. 이후 나폴레옹이 몰락한 뒤 독일인들은 통일된 국가를 세우기 위한 노력으로 관세 동맹 등을 형성하기도 했지만 통일의 달성이 지지부진하던 때, 독일의 왕국 중 하나였던 프로이센에 비스마르크라는 정치인이 등장했습니다. 비스마르크는 무력을 통해 통일을 달성해야 한다는 철혈 정책을 바탕으로 독일의 통일을 지휘했어요. 그는 덴마크의 슐레스비히 지역을 침공해 점령했습니다. 이 지역에는 덴마크인들뿐 아니라 독일인들도 살고 있다는 것이 이유였지요. 이후 비스마르크는 함께 슐레스비히 지역을 공격했던 오스트리아를 다시 공격해 굴복시킨 뒤 기존의 독일연방을 해산시키고 북독일연방을 결성했습니다. 물론 그 중심에는 프로이센이 있었지요. 프로이센은 이러한 과정을 통해 독일의 통일을 차근차근 진행시켜 나가고 있었습니다. 독일의 이웃 나라인 프랑스는 이를 불안하게 바라보고 있었어요. 게다가 당시 프랑스의 황제는 나폴레옹 3세였는데, 그는 나폴레옹 1세의 조카라는 후광으로 황제에 오른 사람이었습니다. 그러나 이 무렵에는 잇단 외교정책 실패로 인기가 떨어져 궁지에 몰린 상황이었지요. 바로 이 나폴레옹과의 전쟁을 유도하기 위해 비스마르크는 가짜 뉴스를 활용했습니다. 독일을 둘러싼 나라들 가운데 덴마크, 오스트리아 등이 프로이센에 의해 격파당해 프랑스만 남아있었거든요.

당시 유럽은 민족주의뿐 아니라 자유주의의 바람이 불고 있었습니다. 왕의 전제정치를 반대하는 혁명이 곳곳에서 일어나고 있었지요. 스페인 역시 혁명이 일어났습니다. 스페인의 혁명정부는 기존의 여왕을 몰아내고 프로이센 왕가인 호엔촐레른가에서 새로운 왕을 추대하려 시도했습니다. 그러나 프로이센이 스페인을 장악할 것을 두려워한 프랑스가 이를 강력히 반대하자 프로이센도 별 실익이 없을 것으로 판단해 스페인 왕위를 거절했습니다. 그러나 나폴레옹과 프랑스 정부는 프로이센의 약속을 믿지 못했어요. 자신들이 유럽에서 가장 강하다고 생각한 나폴레옹은 프로이센 국왕에게 편지를 보내 "스페인의 후계자로 호엔촐레른가의 사람을 천거하지 않겠다"는 다짐을 받아내려 시도했지요. 비스마르크는 이에 대해 프로이센이 이미 사양했으므로 그런 요구는 불필요하다고 답했지요. 하지만 나폴레옹은 여전히 마음이 놓이지 않았나봅니다.

나폴레옹은 프로이센의 국왕인 빌헬름 1세가 휴양을

즐기고 있는 온천장인 엠스로 베네데티 대사를 파견했습니다. 휴양 중인 빌헬름 국왕을 불쑥 찾아온 프랑스 대사는 지난번 문제를 다시 논의하자며, 스페인 왕위에 관심 없다는 것을 공식적으로 다짐해달라고 요구했어요. 이에 빌헬름 왕은 이미 끝난 얘기라며 거절했어요. 그리고 이를 재상인 비스마르크에게 전보로 전달했지요. 원래 왕이 보낸 전보의 내용은 '프랑스 대사가 나에게 찾아와 스페인 왕위 계승에 간섭하지 않겠다는 것을 보장해달라고 요구해서 거절했다', '이후 대사에게 더는 할 얘기가 없다고 보좌관을 통해 전달했다', '프랑스 황제에게는 더 할 얘기가 있다면 양국의 대사와 언론을 통해 의견을 나누자'고 프랑스에 전달했다는 내용이었지요. 프랑스와의 전쟁을 준비하고 있던 비스마르크는 전쟁을 일으키기 위해 이 전보를 교묘하게 이용했어요. 실제로는 프로이센 국왕이 프랑스 대사를 만나서 얘기를 들은 뒤 요구를 거절하며 필요하면 다시 얘기하자고 했는데, 앞뒤를 다 생략하고 마치 프랑스 대사가 무례하게 요구하자 분노한 국왕이 프랑스 대사의 접견을 거부한 것처럼 조작해 언론에 발표한 것이지요. 이 기사를 읽은 프로이센 국민들은 자신들의 노국왕이 건방진 프랑스의 젊은이에게 모욕을 당했다고 느껴 분노했습니다. 한편 비스마르크의 의도적 정보 조작에 프랑스 신문의 오역이 겹치며 프랑스 사람들 역시 분노했어요. 프랑스 신문은 프랑스 대사의 '요구'를 '질문'으로 번역하고, 독일어에서는 '보좌관'이라는 단어가 고위급 보좌관을 의미하는 반면 프랑스에서는 낮은 직급을 의미하는데도 그대로 게재한 것이지요. 결국 기사를 읽은 프랑스인들은 프랑스 대사가 정중하게 질문을 했는데 프로이센 왕이 하급 관리를 시켜 문전박대했다고 생각해 분개한 것이지요. 비스마르크가 조작한 기사와 프랑스의 잘못된 기사가 맞물리며 두 나라는 전쟁에 돌입하게 됩니다. 전쟁을 원한 비스마르크의 의도에 두 나라 사람들이 넘어간 것이지요. 물론 비스마르크는 전쟁을 선포하기 전에 이미 프로이센 군부에 물어 전쟁에 승리할 수 있다는 확신을 가지고 전쟁에 돌입했습니다. 몇 차례의 전쟁을 경험한 프로이센군은 강성한 반면, 프랑스군은 제대로 준비도 못한 채 시작한 전쟁이었습니다. 과연 전쟁을 시작하자마자 프로이센군은 프랑스 영토를 파죽지세로 점령해 나갔습니다. 보다 못한 프랑스 황제 나폴레옹이 포위된 프랑스군을 구원하기 위해 직접 나섰으나 오히려 본인 역시 프로이센군에게 포위당해 항복을 선언하고 말았지요.

1870년 7월 19일에 프랑스가 선전포고한 뒤 9월 2일 나폴레옹이 항복을 선언하기까지는 두 달도 걸리지 않았습니다. 프랑스의 완패였어요.

프랑스는 프로이센-프랑스 전쟁을 거치며 프랑스는 나폴레옹의 제정이 붕괴되고 공화정이 다시 수립되었습니다. 반대로 프로이센은 프랑스에 대한 적대심을 이용해 독일인들의 민족감정을 일으켜 프로이센을 제외한 나머지 독일인들의 지지도 획득하여 마침내 독일 제국을 수립하기에 이릅니다. 사실 전쟁을 유발했던 프로이센 국왕과 프랑스 대사의 면담은 다소 무례했지만 심상하게 지나갈 수도 있는 일이었습니다. 비스마르크의 가짜 뉴스가 이 사소한 사건을 전쟁의 도화선으로 바꾸어 놓은 것이지요.

러시아의 비선 실세, 그리고리 라스푸틴

2016년 겨울, 온 나라가 비선 실세 논란으로 떠들썩했습니다. 그런데 비선이라는 말과 함께 라스푸틴이라는 인물이 많이 거론되었는데 라스푸틴이 누구인지 잘 아는 사람은 드뭅니다. 이번에는 근대 러시아 역사의 괴인, 그리고리 라스푸틴에 대해 알아보도록 하겠습니다.

20세기 초의 러시아는 아주 혼란한 상태였습니다. 러시아는 서유럽 다른 나라들에 비해 근대화가 늦어 차르의 전제정치가 계속되고 있었어요. 그러나 경제 영역에서는 19세기 후반부터 본격적인 공업화가 시작되어, 지식인들을 중심으로 자유주의와 사회주의 등 다양한 사상이 확산되어 사회 곳곳에서 변화를 요구하는 목소리가 커지고 있었지요. 마침내 1905년 1월 22일, 러시아인들은 변화를 요구하며 차르인 니콜라이 2세의 궁전을 향해 평화행진을 벌였습니다. 그들은 차르에게 변화를 호소하면 '아버지 차르'가 은혜를 베풀어줄 것이라는 믿음을 거두지 않았던 것이지요. 그런데 무장도 하지 않은 국민들을 향해 차르의 친위대가 총을 발사하여 많은 사상자가 발생했습니다. 이 사건을 '피의 일요일'이라고 해요. 피의 일요일 사건 이후 차르는 자유주의적 개혁을 받아들일 수밖에 없었지요. 그러나 개혁이 진행되던 이때 제1차 세계대전이 발발하였고, 개혁은 중단되어 차르는 다시 권력을 장악하게 됩니다. 여기에 전쟁이 장기화되면서 러시아 국민들의 생활은 악화되었습니다.

그리고리 라스푸틴은 러시아의 수도승으로, 이처럼 혼란한 러시아의 정치 상황을 틈타 차르와 황후의 마음을 사로잡아 러시아의 국정을 농단한 인물이었습니다. 시베리아 농민 출신인 그의 본명은 그리고리 예피모비치였습니다. 그가 여자들을 잘 유혹했기 때문에 마을 사람들이 바람둥이라는 의미의 '라스푸틴'이라고 부르던 것이 이름을 대신하게 된 것이지요. 그는 황태자 알렉세이의 병을 치료하며 차르와 황후에게 접근했습니다. 차르인 니콜라이 2세와 황후 알렉산드라의 아들인 황태자 알렉세이는 혈우병을 앓고 있었습니다. 혈우병은 출혈이 잘 멎지 않는 유전질환입니다. 영국 빅토리아 여왕이 혈우병 유전인자를 가지고 있었는데, 러시아의 황후인 알렉산드라가 바로 빅토리아 여왕의 외손녀라 그 아들인 알렉세이에게도 혈우병이 유전된 것이지요. 의사들이 혈우병을 고치지 못하자 알렉산드라는 황태자의 병을 치료해줄 사람을 백방으로 수소문했습니다. 이때 라스푸틴은 자신이 기도를 통해 황태자의 병을 '치료'할 수 있다고 자신했고, 실제로 황태자의 상태를 호전시켰다고 합니다. 라스푸틴이 어떻게 알렉세이를 치료했는지는 알 수 없지만, 어쨌든 이 일로 라스푸틴은 차르와 황후의 총애를 받으며 권력을 장악하기 시작했습니다. 이외에도 황후의 친구인 안나 비루보바가 사고를 당했을 때 살아나긴 하지만 장애가 남을 것이라는 등의 예언을 했는데 그 예언이 정확히 적중했고, 황후는 마침내 라스푸틴을 '우리의 친구'라고 지칭하기에 이르렀습니다. 황후 알렉산드라는 라스푸틴에게 "나의 스승인 당신이 내 곁에 있고, 내가 당신의 손에 키스하고, 내 머리를 당신의 성스러운 어깨에 기댈 때, 비로소 나는 안도의 숨을 내쉴 수 있습니다."라는 편지를 보낼 정도로 라스푸틴을 신뢰했습니다.

영향력이 강해지자 라스푸틴은 본색을 드러내기 시작했습니다. 그는 여러 명의 여자들을 강제로 희롱했고, 그 가운데는 수녀들도 있었습니다. 이에 교회 지도자를 비롯한 많은 사람들이 라스푸틴을 고발했습니다. 라스푸틴 본인도 자신의 범죄를 시인했지요. 그러나 고위 경찰을 비롯한 어느 누구라도 라스푸틴을 비난하면 곧 해임되거나 지방으로 좌천되었다고 해요. 이러한 상황을 우려한 수상 스톨리핀은 라스푸틴에 대한 상세한 보고서를 차르에게 제출했어요. 그러나 황제는 다음과 같이 무력한 답변만 내놓았답니다. "아마도 경이 한 말은 모두 진실일 것이오. 그러나 라스푸틴에 관해서는 다시는 나에게 말하지 말 것을 부탁해야겠소. 여하간 나는 그것에 관해서 아무 조치도 취할 수 없소." 황후를 사랑한 차르는, 황후가 전폭적으로 신뢰한 라스푸틴에 대해서도 처벌하기를 포기한 것이지요. 황후는 독일인이라 러시아인들에게 인기가 없었는데, 라스푸틴 문제가 겹치면서 더욱 고립되었습니다. 황후 편을 들던 차르 역시 점차 고립되었지요.

제1차 세계대전이 시작되면서 차르인 니콜라이 2세가 전선으로 나가며 황궁을 황후에게 맡기자, 라스푸틴은 황후를 등에 업고 모든 실권을 상악하게 되었습니다. 라스푸틴은 꿈에 계시를 받았다며 황후를 통해 전선의 차르에게 '군사 명령'을 전달했습니다. 라스푸틴이 군사 작전에 대해 무지했음에도 불구하고 차르는 그의 '명령'을 충실히 실행했고, 결국 전황은 점점 악화될 뿐이었습니다. 이에 니콜라이 2세의 어머니가 직접 전선으로 찾아가 차르에게 수도로 돌아갈 것을 권했지만, 차르는 '라스푸틴은 신께서 보내신 성자'라고 하며 어머니의 권유를 거절했다고 합니다. 이러는 동안 라스푸틴은 수시로 장관들을 교체했고, 며칠이 멀다 하고 내각은 해산되기를 반복했습니다. 러시아가 전쟁에서 어려움을 겪는 동안, 라스푸틴은 1년에 3명의 국방 대신과 4명의 농무 대신을 갈아치웠어요. 그뿐만 아니라 니콜라이 니콜라예비치 황자를 총사령관에서 물러나게 했어요. 러시아의 정치는 완전히 라스푸틴의 손아귀에서 놀아나고 있었던 것이지요. 마침내 황후와 라스푸틴이 선하지만 능력은 부족한 보리스 슈튀르머를 수상에 임명하자 프랑스 대사는 이렇게 말했다고 해요. "그가 오직 도구로서 선택되었다는 가정하에서 그의 임명에 납득이 간다. 다시 말하면 사실 그는 무능과 맹종 때문에 선택되었다. … 라스푸틴이 그를 황제에게 극진히 천거했던 것이다."

이런 상황이 지속되자 러시아 국민들은 황후와 라스푸틴이 부적절한 관계라며 조롱했고, 자본가들은 쿠데타를 모의하기 시작했습니다. 차르파였던 귀족들조차도 차르를 몰아내고 다른 사람을 옹립할 움직임을 보였어요. 이에 다급해진 차르의 측근들은 차르의 조카사위인 펠릭스 유스포프 대공을 중심으로 라스푸틴을 제거할 계획을 세웠습니다. 1916년 12월, 유스포프 대공의 아내인 이리나 공주의 명의로 라스푸틴을 초대한 그들은 라스푸틴에게 독을 먹였습니다. 그러나 여러 명을 죽일 정도의 독을 먹었음에도 라스푸틴은 노래를 부르는 등 죽을 기미가 보이지 않았고, 이에 유스포프 대공을 비롯한 귀족들은 라스푸틴을 총으로 쏘았습니다. 그런데 어찌된 일인지 라스푸틴은 총을 맞고도 죽지 않고 도주하려 했고, 결국 귀족들은 라스푸틴을 줄로 묶어 얼어붙은 강물로 던져버렸습니다. 그런데 며칠 뒤 강물에서 건져올린 라스푸틴의 시체를 조사해보니 그의 사인은 중독이나 총상이 아니라 익사였다고 해요. 유스포프 대공을 비롯한 귀족들이 라스푸틴을 죽인 것은 차르와 황후가 이 일을 계기로 제정신을 차려 다시 러시아에 안정을 가져오기를 바라며 행한 거사였습니다. 그러나 때는 이미 늦어, 1917년 3월 8일 페트로그라드에서 공장 노동자들의 파업과 봉기로부터 러시아 혁명이 시작되면서 마침내 로마노프 왕가와 제정 러시아는 종말을 맞이하였습니다.

라스푸틴의 기괴한 삶과 죽음은 많은 사람들의 호기심을 불러일으킵니다. 그러나 라스푸틴의 이야기를 단순한 흥밋거리로 넘길 일은 아닙니다. 정부가 국민들을 상대로 권위를 가지고 권한을 수행하는 것은, 국민들이 정부를 신뢰하고 권한 수행 과정에 동의하기 때문입니다. 정부에 대한 국민의 신뢰는 적절한 인물이 정당하게 권한을 수행한다는 전제 아래서만 유효한 것이지요. 이러한 전제가 깨지면 동의와 신뢰도 사라지게 마련이고, 그럴 경우 '신으로부터 권한을 부여받은' 전근대 국가의 왕조차도 그 자리를 보전하기 힘들다는 교훈을, 우리는 라스푸틴의 전횡과 최후를 보면서 얻을 수 있습니다.

유럽의 대표적인 극우파 나치

2016년 12월 4일, 오스트리아에서 대통령 선거가 있었습니다. 실은 그에 앞선 5월 선거를 실시했지만 당시 부재자 투표 부정 문제로 오스트리아 헌법 재판소가 재투표를 결정해 다시 선거를 실시하게 된 것이지요. 12월의 선거는 극우파인 자유당의 노르베르트 호퍼와 무소속의 알렉산더 판 데어 벨렌 후보의 대결이었습니다. 결과는 무소속 벨렌 후보의 승리였지요. 그런데 이 선거는 유럽 전체, 나아가 전 세계의 관심사이기도 했습니다. 제2차 세계대전 이후 유럽에서는 극우파 후보가 당선된 적이 한 번도 없었거든요. 미국에서는 인종차별을 대놓고 주장하는 트럼프가 대통령에 당선되고, 프랑스나 이탈리아 등에서도 극우파가 인기몰이를 하는 상황에서 오스트리아에 극우파가 권력을 잡으면 어떻게 하나 하는 우려가 있었던 것이지요. 특히 오스트리아 자유당을 만들고 오랫동안 이끌었던 프리드리히 페터는 나치친위대의 장교이기도 했습니다. 그렇다면 극우파는 대체 어떤 사람들일까요? 그리고 극우파는 어떻게 등장하게 됐을까요? 이번에는 이를 알아보기 위해 대표적인 유럽의 극우파였던 나치에 대해 알아보겠습니다.

수많은 사람이 죽어간 기나긴 전쟁의 끝에 마침내 1919년 6월 28일, 제1차 세계대전을 끝내는 베르사유 조약이 체결되었습니다. 조약은 독일을 '전범', 다시 말해 전쟁범죄자로 규정했습니다. 독일은 전쟁 결과 영토의 13.5퍼센트와 그 경제적 자원의 약 13퍼센트, 국민 약 700만 명, 그리고 모든 해외 식민지를 상실하게 되었습니다. 또한 군대 규모가 제한되었지요. 막대한 전쟁 배상금도 지불해야 했습니다. 독일은 전쟁이 끝난 뒤 많은 것을 잃고 경제난에 빠지게 되었으며, 독일 국민은 이에 대해 불만을 가지게 되었어요. 자연스럽게 베르사유 조약에 대한 반감은 커져만 갔습니다. 게다가 제1차 세계대전은 4년이 넘는 긴 시간 동안 지속된 전쟁이었어요. 당시 전쟁에 참가했던 사람들은 기나긴 전쟁 동안 전선에서 죽음의 공포에 떠는 만큼 전우에 대한 믿음을 쌓아나갔습니다. 이는 독일인들도 마찬가지였지요. 전쟁이 끝난 뒤 독일인들은 '민족의 적'에 대한 증오심과 '민족 공동체'에 대한 애착심을 키워갔어요. '우리 민족'에 대한 애착이 커지는 만큼 '다른 민족'에 대한 배타성도 커져 갔습니다. 이처럼 경제난 속에 민족주의와 인종주의가 겹치면서 새로운 사상이 등장했어요. 바로 전체주의라고도 불리는 '파시즘'이었지요. 처음 이탈리아에서 등장한 파시즘은 민족을 살아있는 유기체로 보면서, 개인의 모든 것은 민족의 생존과 번영을 위해 존재해야 한다고 주장했습니다. 또한 그들은 우월한 민족(인종)이 열등한 민족(인종)을 제거하는 것은 정당하다고 주장했습니다. 경제적 어려움과 제1차 세계대전 결과 강화된 민족주의 덕에 이탈리아 파시스트들은 쉽게 권력을 장악했습니다. 이러한 파시즘을 독일의 상황에 맞춰 적용한 단체가 바로 아돌프 히틀러와 나치당이었습니다. 나치와 극우파는 제1차 세계대전의 패전으로 약화된

‘위대한 독일민족’을 부흥시킬 것을 주장하며 권력을 장악해갔습니다.

나치는 제2차 세계대전을 일으킨 무시무시한 단체였지만, 처음부터 강력한 힘을 가졌던 것은 아닙니다. 나치가 본격적으로 역사의 무대에 등장한 것은 1923년 11월에 일으킨 ‘뮌헨 폭동’입니다. 뮌헨에 있는 맥주홀에서 일으킨 폭동이라 ‘맥주홀 폭동’이라고 부르기도 하지요. 당시 독일의 루르 지방은 프랑스군에 의해 연초부터 점령된 상태였습니다. 독일이 엄청난 물가상승으로 전쟁 배상금을 제대로 지불하지 못하자 프랑스가 베르사유 조약을 성실히 이행하라며 보복조치로 점령했는데, 독일 정부는 여기에 제대로 대응하지 못했어요. 그런 가운데 독일의 경제는 급속도로 악화되었습니다. 루르 점령 이전에 1달러당 5만 마르크였던 환율은 12월에는 1달러당 수조억 마르크가 될 정도였어요. 우표 한 장을 사는 데 5천만 마르크가 필요했으며, 빵 한 쪽을 사기 위해서는 손수레가 가득 찰 정도의 지폐가 필요했습니다. 독일인들은 높은 물가와 전쟁 배상금에 시달리며 베르사유 조약과 제1차 세계대전 승전국들에 대한 적개심을 키워갔어요. 독일의 정치인들 역시 사태를 해결하기보다는 독일인들의 분노를 부추겨서 권력을 잡는 것에만 관심이 있었습니다. 그들은 전쟁에 패한 것은 정부나 정치인들 때문이 아니라, 독일 내부에 있던 공산주의자들의 파업과 유태인들의 방해 때문이었다고 주장했습니다. 일반 독일인들도 진실을 알려 하기보다는 정치인들의 쉬운 설명을 받아들였지요. 이런 상황에서 나치 행동대인 갈색 셔츠단과 히틀러가 이탈리아 파시즘의 영향을 받아 일으킨 것이 바로 '뮌헨 폭동'이었습니다. 그들은 '위대한 독일'의 부흥을 주장하며 쿠데타를 일으켜 권력을 장악하려 시도했어요. 히틀러는 맥주홀 무대에 뛰어 올라가 천장을 향해 권총을 발사하며 '국가 혁명의 발발'을 선포하고 폭동을 일으켰습니다. 이 폭동은 실패로 끝나고 주모자들은 체포되어 징역을 선고 받았는데요, 대부분은 오래지 않아 풀려났습니다. 히틀러 역시 5년형을 선고 받았지만 1년도 되지 않아 석방되었지요. 오히려 이 기간 동안 히틀러는 『나의 투쟁』이라는 책을 쓰기도 했으며, 이 사건을 계기로 사람들에게 알려지기 시작했습니다.

이후로도 나치는 베르사유 조약이 부당하다고 주장하며 다른 독일 국민들을 선동했지만, 혼란이 잦아들면서 사람들은 나치의 이야기에 귀를 기울이지 않았습니다. 앞서 얘기한 극심한 경제적 혼란은 인민당의 스트레제만이 수상이 되면서 추진한 여러 가지 조치들과 미국으로부터 2억 달러의 차관을 들여오면서 진정되었거든요. 이뿐만 아니라 다른 나라들과의 관계도 개선해서 신뢰를 쌓아나간 끝에 독일을 감시하기 위해 주둔하고 있던 연합국 군대도 철수했으며, 독일이 국제연맹에도 가입하는 등 국제사회의 일원으로 다시 인정받게 되었어요. 그 덕분에 파괴되었던 독일 경제도 상당부분 복구되었지요. 나치의 선동은 사람들에게 효과가 없었습니다. 나치와 히틀러는 사람들로부터 '정신이상자' 취급을 받았어요. 하지만 이러한 안정은 독일인들의 철저한 반성을 통해 찾아온 것이 아니라 미국의 원조에 의한 경제 회복으로 찾아온 것이었기 때문에 불안한 안정이었지요.

결국 1929년 미국에서 시작된 공황이 독일을 강타하며 상황은 달라졌습니다. 미국 경제가 휘청거리자 미국은 유럽에 빌려주었던 자금을 회수하기 시작했고, 독일 경제도 휘청거렸습니다. 나치는 기회를 놓치지 않았어요. 모든 선전 수단을 동원해 불안과 공포에 질린 국민들을 선동한 것이지요. 그들은 모든 혼란의 책임을 공산주의자들에게 떠넘기고, 특히 유태인들을 맹렬하게 비난했습니다. 제1차 세계대전에서 패배한 것은 전쟁에 패배한 것이 아니라 독일에 있는 공산주의자들의 파업과 유태인들의 배신 때문이었다는 선동이 더욱 강화된 것이지요. 나치는 이렇게 전쟁 책임을 교묘하게 돌리는 것과 동시에, 나치는 대재벌을 공격하면서 다른 한편으로는 공산주의를 배격하고 사유재산을 옹호하면서 사람들로부터 인기를 얻기 시작했습니다. 독일인들은 문제를 정확히 파악하고 반성하기보다는 나치가 하는 그럴 듯한 말에 넘어가기 시작했습니다. 결국 나치는 1930년 12월 선거에서 107석의 의석을 장악하게 되었습니다. 그전까지는 고작 12석뿐이었는데 말이지요. 그리고 1932년 선거에서는 230석을 획득해 최대 의석을 차지한 정당이 되었지요. 얼마 뒤 히틀러는 독일의 수상이 되어 모든 권력을 장악하기 시작했습니다. 지친 사람들 마음의 그늘을 공략해 합법적인 선거를 통해 권력을 장악한 것이지요. 그리고 그 결과는 우리가 잘 알고 있는 제2차 세계대전이었습니다.

유럽인들이 극우파를 두려워하는 것은 바로 나치와 파시즘에 대한 기억 때문입니다. 극우파는 바로 나치와 같은 생각을 하는 사람들을 일컫는 말이거든요. 그들은 군사반란이나 쿠데타로 권력을 잡은 사람들이 아니었습니다. 경제난과 사회 혼란을 교묘히 이용해 사람들을 선동하여 '합법적으로' 권력을 장악한 사람들이었지요. 사람들은 그들의 달콤한 말에 속아 권력을 그들에게 넘겨줬고, 그 결과는 모두가 비참해지는 세계대전이었습니다. 전쟁으로 상처입은 사람들은 오랫동안 극우파를 불신하고, 그들이 다시 권력을 장악하는 것을 경계해왔습니다. 자기 민족만이 우월하며, '우월한' 민족의 행복을 위해 '열등한' 민족이나 이민자를 공격한 나치와 극우파들이 낳은 결과를 뼈저리게 겪었으니까요. 그러나 지금, 다시 세계 경제가 불안해지고 사회가 혼란해지는 것을 틈타 지구촌 곳곳에서 극우파들이 활개를 치고 있습니다. 우리나라 사람들을 분노하게 하는 일본의 혐한 세력 역시 극우파의 또 다른 모습입니다. 다행히도 이번 오스트리아 대선에서 벨렌 후보가 승리하며 유럽인들은 잠시 안도할 수 있게 되었지요. 그러나 유럽 곳곳에서, 나아가 전 세계 곳곳에서 다시 이빨을 드러내는 극우파들을 보면, 아직 안도하기는 이릅니다. 우리의 세계는 과연 어디로 가는 것일까요?

NORTH
AMERICA

NORTH ATLANTIC
OCEAN

TREASURES

SOUTH ATLANTIC
OCEAN

SOUTH
AMERICA

SOUTH
PACIFIC
OCEAN

N
W
E
S

SOUTHERN OCEAN

아메리카 (AMERICA)

AUSTRALIA

VINTAGE MAP OF THE WORLD

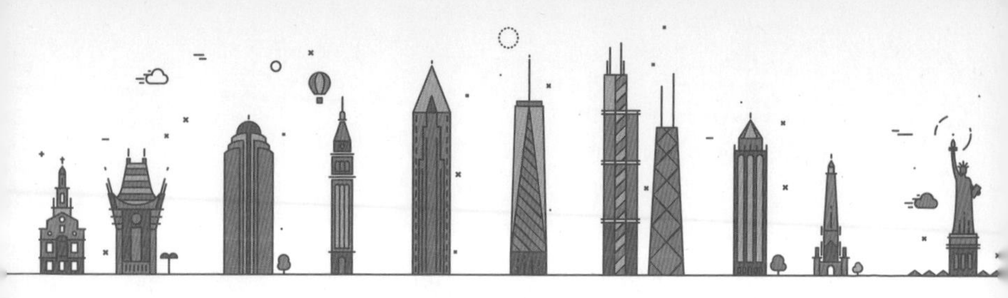

보수파와 자유파의 끊임없는 대립과 갈등

2016년 10월, 노르웨이 노벨위원회는 노벨평화상 수상자로 후안 마누엘 산토스 콜롬비아 대통령을 선정했습니다. 산토스 대통령은 무려 52년간 지속된 콜롬비아 정부군과 반군 세력인 '콜롬비아무장혁명군(FARC)' 간의 내전을 끝내기 위한 평화협정을 체결한 공로를 인정받은 거예요. 16세기부터 스페인의 식민지배를 받았던 콜롬비아는 1810년 독립을 선언한 후 극심한 정치적 갈등으로 인한 내전과 폭력 사태를 겪었어요. 콜롬비아 정부와 FARC

간의 내전도 그 연장선에 놓여있답니다.

나폴레옹이 스페인을 공격한 틈을 타 독립을 선언한 콜롬비아는 '남미 독립의 아버지' 시몬 볼리바르에 의해 베네수엘라와 에콰도르, 파나마가 통합된 '대콜롬비아 연방(그란 콜롬비아)'으로 거듭났어요. 하지만 1930년 베네수엘라와 에콰도르가 독립하면서 대콜롬비아 연방은 '누에바그라나다 공화국'으로 축소되었어요.

1886년 '콜롬비아 공화국'으로 나라 이름을 바꾸었지만, 건국 이후 계속된 보수파와 자유파 간의 정치적 갈등은 멈출 줄 몰랐어요. 보수파는 스페인 식민지 시절부터 이어진 가톨릭 성직자와 대토지 소유자의 기득권을 유지하고 정부에 많은 권한을 주어야 한다고 주장했어요. 반면 자유파는 성직자의 특권과 노예제도를 폐지하고 신앙의 자유를 보장해야 한다는 입장이었지요.

두 세력의 정치적 갈등은 결국 의회를 넘어 전쟁으로 번지게 되었는데, 이것이 총 1,130일 동안 이어진 '천일전쟁(1899~1902)'입니다. 이 전쟁은 신식 무기를 갖춘 보수파의 정부군이 구식 무기밖에 없던 자유파 군대를 진압하는 양상으로 전개되었어요. 자유파는 파나마 지역을 점령해 전세를 뒤집으려 했지만, 보수파는 파나마에 주둔하던 미 해병대의 도움을 받아 자유파의 공격을 막아냈어요.

미국의 개입에 위협을 느낀 자유파가 보수파와 평화 협정을 체결하면서 이 전쟁은 막을 내렸어요. 이 전쟁으로 10만 명 이상이 목숨을 잃었고, 경제는 완전히 파탄 상태에 놓였지요. 1903년에는 파나마가 독립을 선언하면서 파나마운하의 소유권도 잃고 말았어요.

보수파와 자유파는 1948년 '보고타 사태'를 계기로 재차 무력 충돌을 벌였어요. 자유파의 지도자 호르헤 가이탄이 암살당하자 분노한 자유파 세력이 수도 보고타에서 폭동을 일으킨 거예요. 보고타에 있는 대부분의 건물과 교회가 파괴되고 이틀 동안 2,000여 명이 목숨을 잃었어요. '보고타 사태'는 곧 전국으로 확산되면서 자유파의 게릴라 군대와 정부군 간의 충돌로 이어졌어요. '라 비올렌시아(La Violencia·스페인어로 '폭력')'라 부르는 10여 년간의 내전으로 약 20만 명 이상이 목숨을 잃었다고 합니다.

라 비올렌시아에 이어 군부의 쿠데타로 정국이 혼란에 빠지자 보수파와 자유파는 1958년 국민전선을 구축하기로 합의해요. 두 정당이 의회를 장악하되 4년마다 반드시 서로 정권을 교체하기로 한 것이죠.

그러자 자유파 내의 급진세력과 공산주의 세력이 '두 정당만 정권을 잡는 체제는 수용할 수 없다'며 무장투쟁에 나서게 됩니다. 여러 무장단체 중 1964년 콜롬비아 공산당의 무력조직으로 등장한 것이 바로 FARC예요.

당시 콜롬비아 농민들은 커피 가격의 불안정으로 경제적인 어려움을 겪었고, 도시에 사는 시민들도 실업 문제와 높은 물가로 고통받고 있었어요. 하지만 보수파와 자유파는 이런 문제는 해결하지 못하고 권력투쟁에만 몰두했어요. 그사이 공산주의 세력이 농민과 근로자들을 끌어들이면서 FARC라는 과격한 반군조직으로 성장한 거예요.

FARC의 등장은 콜롬비아 현대사에 또 다른 비극을 남겼어요. 계속된 정부군과 FARC의 전투, 연이은 FARC의 테러와 민간인 학살로 지난 52년간 최소 22만 명 이상이 사망하고 난민 800만 명이 발생했어요. 1993년 공산당과 연대를 끊은 FARC는 이후 마약 사업, 민간인 납치 같은 전쟁범죄도 저질렀어요.

지난달 산토스 대통령과 FARC의 수장 티모첸코가 맺은 평화협정이 국민투표에서 부결된 것도 '내전을 빨리 끝내자'는 여론보다 'FARC의 전쟁범죄에 대한 책임을 묻지 않는 평화협정은 받아들일 수 없다'는 목소리가 조금 더 높기 때문이에요. 산토스 대통령이 노벨평화상을 받은 것은 '여론을 설득해 평화협정을 잘 마무리하라'는 국제 사회의 격려가 담겨 있다고 합니다. 과연 콜롬비아는 근대부터 이어진 내전의 비극을 이번에 끝낼 수 있을까요?

콜롬비아는 브라질·베트남·케냐 등과 함께 세계적인 커피 생산국으로 꼽혀요. 콜롬비아는 1870년대부터 상대적으로 고립되어 있던 남부 지역을 개발하고 이곳에 대규모의 커피 농장을 만들었답니다. 1890년대부터 미국에 커피를 수출하기 시작한 콜롬비아는 1900년대 들어서는 국제 커피 시장의 수요를 충분히 감당할 정도로 커피 재배의 중심지로 발전했어요. 얼마나 커피를 많이 팔았던지 커피로 벌어들인 돈으로 통신망을 구축하고 댐을 짓는 공공사업을 벌일 정도였다고 합니다.

하지만 커피 산업에 너무 의존한 나머지 커피의 수출 가격이 내려가면 콜롬비아의 경제도 덩달아 어려워지는 문제가 나타났어요. 1930년대에는 커피의 수출 가격이 갑자기 내려가면서 콜롬비아 산업 전체가 마비되는 일까지 벌어졌다고 합니다.

커피로 벌어진 경제난은 농민과 근로자들의 일자리를 빼앗았고, 수입품이 줄어들면서 물가는 높아졌어요. 불만에 찬 사람들이 거리로 나서자 정치적 갈등도 덩달아 커졌어요. 제1·2차 세계대전 등으로 커피 수출이 부진할 때마다 콜롬비아에선 이런 상황이 반복되었고, 그때마다 경제·사회 정책을 놓고 보수파와 자유파 간의 극심한 갈등이 벌어졌답니다.

한편 브라질에서는 정치인들의 부패 스캔들이 끊이지 않고 발생하고 있습니다. 지우마 호세프 대통령이 부패와 뇌물수수 문제로 탄핵되어 당시 부통령이던 미셰우 테메르 부통령이 대통령직을 승계했는데요, 미셰우 테메르 대통령 역시 부패와 뇌물수수 의혹으로 2018년 대선 출마를 포기했습니다. 이후 대선에서는 전직 대통령이자 2018년 대선 후보로 출마한 룰라가 부패혐의로 수감 판결을 받는 등 브라질 시민들은 고난의 터널을 벗어나는 것이 요원해보입니다. 이럴 때일수록 사람들은 존경할만한 인물을 그리워할 텐데요, 아마 브라질 시민들은 페드루 2세 황제를 그리워할 것 같습니다.

여느 남미 국가들이 그러했듯이 브라질 역시 유럽의 식

민지로 근대를 맞이하게 되었습니다. 에스파냐의 지원을 받은 콜럼버스가 아메리카 대륙을 발견한 뒤로 수많은 유럽인들이 아메리카를 향해 몰려들었습니다. 아메리카 대륙에 도착한 유럽인들이 아메리카를 인도라고 오해한 것은 유명한 이야기지요. 그래서 이 새로운 항로를 두고, 콜럼버스의 항해 이후 에스파냐와 포르투갈은 토르데실라스 조약을 체결해 대서양에 가상의 경계선을 설정하고 서쪽은 에스파냐령, 동쪽은 포르투갈령으로 합의했습니다. 이렇게 해서 브라질은 포르투갈의 식민지가 되었지요. 그래서 지금도 남미의 나머지 국가들이 에스파냐어를 쓰는 반면 브라질은 포르투갈어를 쓰고 있답니다. 물론 이 과정에서 아메리카 대륙 사람들의 의견은 전혀 반영되지 않았지요. 그런데 에스파냐가 점령한 식민지 지역에서 금과 은 등 귀금속이 쏟아져나온 것과 달리 브라질 지역에서는 그러한 귀금속이 산출되지 않았어요. 포르투갈인들은 실망할 수밖에 없었지요. 이 땅을 활용할 길을 모색하던 포르투갈인들은 결국 이 지역에서 사탕수수를 재배하는 플랜테이션 농업을 실시하면서 큰 부를 획득하게 되었습니다. 이후 브라질은 포르투갈의 경제에서 점차 중요한 비중을 차지하게 되지요.

그러던 중 나폴레옹의 공격으로 포르투갈 왕실은 유럽에 있는 본국을 버리고 라틴아메리카의 브라질의 리우데자네이루로 수도를 옮기게 됩니다. 나폴레옹의 대륙봉쇄령을 거부하고 영국과 동맹을 유지한 데 대한 보복이었지요. 이후 나폴레옹이 워털루 전투에서 패한 뒤 포르투갈 왕가는 다시 유럽으로 수도를 옮겨가지만, 10년이 넘는 세월 동안 브라질은 정치적·경제적으로 성장해 있어 단순한 식민지로 취급할 수 없게 되었습니다. 결국 포르투갈-브라질-알가르베 연합 왕국이 선포되었지요. 포르투갈 본국 정부는 브라질 지역에 상당한 수준의 자치권을 허용할 수밖에 없었고, 결국 이러한 상황에 불만을 느낀 포르투갈 의회는 연합왕국을 해체하고 브라질을 다시 식민지로 격하시킬 것을 결의하기에 이릅니다. 그러나 이미 충분히 성장해있던 브라질 지역의 사람들은 포르투갈 의회의 결정에 분노를 느꼈고, 결국 포르투갈의 왕인 주앙 6세가 포르투갈로 돌아갈 때 브라질에 남아있던 주앙 6세의 아들 동 페드루는 브라질의 독립과 브라질 제국의 수립을 선포하고 페드루 1세로 즉위했습니다. 그러나 즉위 초에 하늘을 찌를 듯하던 페드루 1세의 인기는 얼마 지나지 않아 추락하기 시작했어요. 신생국의 진로를 두고 수많은 사람들이 대립과 반목을 이어갔고, 페드루 1세는 전제주의적 통치방식으로 이들을 억제하려 하였거든요. 게다가 아르헨티나의 지원을 받은 브라질 남부가 독립을 선포했고, 이를 진압하는 데 실패하며 브라질 남부의 시스플라티나주는 우루과이로 독립해버렸거든요. 결국 페드루 1세는 왕위를 아들인 페드루 2세에게 물려주고 포르투갈로 떠났습니다.

왕위를 승계한 페드루 2세는 이때 겨우 5살이었어요. 당시 브라질의 헌법에서는 미성년자는 황제로서 통치할 수 없도록 규정되어 있었습니다. 그래서 즉위 초기에는 섭정에게 통치를 맡겼지요. 이후 16세가 되던 1841년 대관식을 치르고 직접 브라질을 통치하면서 다양한 업적들을 달성했답니다. 당시 브라질 경제 상황은 곤경에 처해 있었습니다. 플랜테이션 농업을 통해 부를 축적한 브라질이었는데, 네덜란드를 비롯한 다른 유럽 열강들이 사탕수수 플랜테이션 농업에 참여했기 때문이지요. 이에 페드루 2세는 설탕 대신 커피 생산을 장려하면서 브라질의 경제를 회복시켜 나갔어요. 또한 보수파와 자유파의 대립으로 어지러운 국내 정세도 안정시켜 나가기 시작했어요. 페드루 2세는 두 파를 교대로 내각에 임명하여 대립을 조정했어요. 1847년부터는 내각 수반(총리)만 황제가 임명하고 각료들은 내각 수반이 협의하여 임명하도록 하였지요. 그의 치세 아래에 브라질은 철도·전신·전선 시설 등에서 나날이 발전해 나갔습니다.

그러나 페드루 2세를 보좌한 자유파와 보수파는 모두 토지를 독점한 지주들을 대변하는 파였기에 브라질 사회의 다양한 계층을 대변하기에는 부족한 점이 있었습니다. 그래서 페드루 2세의 안정적인 통치에도 불구하고 시간이 지날수록 페드루 2세의 인기는 조금씩 떨어지게 되었습니다. 결국 마지막에 가서는 페드루 2세가 황제 자리에서 물러난 후 유럽으로 추방되었는데요, 그 결정적인 원인은 노예제의 폐지를 선포한 1888년의 「황금법(아우레아법)」이었습니다. 당시 브라질의 성장을 견인하던 지식인들은 유럽에 유학을 다녀온 사람들이었기에 유럽의 선진 문화와 제도를 브라질에 이식하기 위해 노력하고 있었습니다. 그 가운데는 노예제의 폐지도 있었는데요, 당시 브라질은 라틴아메리카에서도 유일하게 노예제도가 남아있는 국가였습니다. 게다가 당시 산업화가 이루어지고 있던 브라질 사회에는 노예보다는 노동자의 필요성이 더 커지고 있었지요. 브라질의 중요한 투자국이자 교역국인 영국 역시 산업화의 결과 흑인 노예제도를 폐지하고, 브라질에도 노예제를 폐지하라고 요구하고 있었고요. 여기에 페드루 2세 본인도 평소 노예제에 대해 부정석인 생각을 갖고 있었기에 브라질은 노예제 폐지를 향해 나아가게 되었습니다. 그리고 1850년 노예무역의 금지를 시작으로 전쟁에 참여한 흑인노예의 신분 해방, 노예 어머니에게서 태어난 흑인의 자유 인정(자유출생법), 60세 이상의 흑인노예의 신분 해방을 거쳐 마침내 「황금법」을 통해 공식적으로 노예제를 완전히 폐지하기에 이른 것이지요. 그러나 브라질에는 노예제의 폐지를 반대하는 사람들도 있었습니다. 특히 황제의 권력을 뒷받침하던 지주들은 노예제 폐지에 불만이 많았지요. 결국 지주들과 결탁한 군벌들의 쿠데타로 페드루 2세는 황제 자리에서 물러나 프랑스로 망명을 떠나게 되었고, 그곳에서 병을 얻어 1891년 사망하게 되었습니다. 그러나 사후 그를 그리워한 브라질 사람들에 의해 1920년 황후와 함께 유해가 브라질로 돌아와 그의 이름을 딴 페트로폴리스에 안장되었습니다.

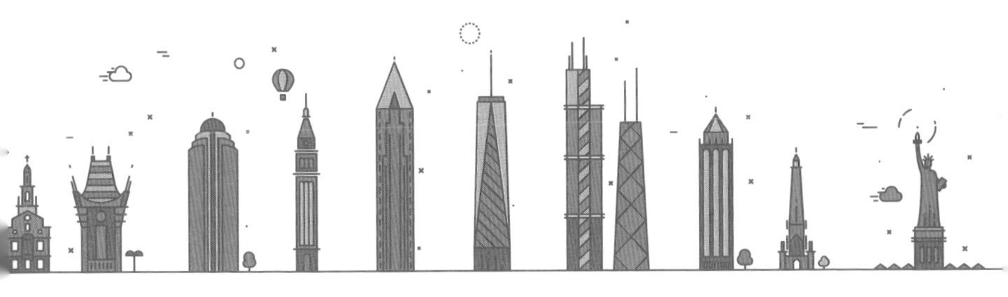

미국 수정헌법 2조, 총기 소유 보장의 득과 실

2016년 10월 19일, 서울 강북구 오패산터널 부근에서 전자 발찌를 끊고 달아난 성범죄 전과자가 사제 총기를 발사해 경찰관 한 분이 목숨을 잃는 사건이 있었습니다. 이 사건으로 우리나라에서도 불법으로 총을 만들어 범죄에 쓰는 일이 늘어날 수 있다는 우려가 커지고 있지요. 총은 군인들이 나라를 지키는 무기로 쓰기도 하지만, 범죄 수단이 되어 죄 없는 사람의 목숨을 빼기도 해요. 그래서 우리나라를 비롯해 대부분의 나라는 특별한 이유 없이 일반인이 총을 가질 수 없도록 하고 있어요.

그런데 우리나라와 달리 일반인도 합법적으로 총을 가질 수 있게 허용하는 나라들이 있어요. 미국이 가장 대표적이지요. 남성 약 30퍼센트, 여성 약 10퍼센트 이상이 총을 갖고 있는 미국에서는 지금도 끊임없이 총기 사고가 발생하고 있습니다. 그럼에도 불구하고 미국은 총기 소지를 금지하지 않고 있는데요, 우리나라 사람들의 시각에서는 이해되지 않는 일입니다. 미국은 왜 이렇게 많은 사람이 총을 가질 수 있도록 허용하고 있는 걸까요?

미국은 원래 영국이 개척한 식민지였어요. 영국과 유럽 곳곳에서 넘어간 이민자들이 아메리카 대륙 동쪽 해안 지역을 개척해 자리를 잡았지요. 이때부터 식민지 개척민들은 대부분 총을 갖고 있었어요. 식민지에서는 원주민이 공격해오거나 짐승이 습격하면 스스로 집과 재산을 지켜야 했기 때문이죠. 사냥해서 고기를 얻기 위해서라도 총은 꼭 필요했지요. 즉 개척민들에게 총은 자신을 지키는 보호 수단이자 생활 수단이었던 거예요. 이런 사정을 알았던 영국 의회도 개척민들이 각자 총을 가질 수 있도록 '무장할 자유'를 법으로 보장해주었답니다.

그런데 1770년대부터 개척민들은 총을 독립운동 수단으로 사용했어요. 계속된 전쟁으로 재정난을 키운 영국 정부가 식민지에 매기던 세금을 지나치게 높이자 개척민들이 '우리 동의 없이 세금을 매길 수 없다'고 반발했어요. 그러자 영국은 아메리카 대륙에 군대를 보내 이를 진압하려고 했지요.

정규 군대가 없던 식민지 개척민들이 영국 군대에 맞서려고 각자 집에 둔 총을 들고 나와 민병대를 조직했어요. 이들은 '1분 안에 출동할 수 있게 준비된 사람들'이라는 뜻으로 '미니트맨(minute-man)'이라고 불렀답니다. 1775년 보스턴 근처 렉싱턴에서 영국 군대와 '미니트맨'이 처음으로 무력 충돌을 벌인 렉싱턴 전투를 시작으로 본격적인 독립전쟁이 시작되었어요. 버지니아 민병대 대령 출신인 조지 워싱턴 장군은 40만 명에 가까운 민병대를 이끌어 영국군과 전투해 승리했고, 마침내 미국은 독립을 이루게 되었답니다.

민병대를 통해 독립을 이룬 미국인들은 '총은 곧 내 자유와 생명, 그리고 나라의 독립을 일궈낸 수단'이라는 믿음을 갖게 되었어요. 독립을 주도한 정치가들도 '개인이 총을 갖고 있어야 독재와 폭압을 벌이는 정치가를 언제든 몰아내고 자유를 지킬 수 있다'고 믿었지요. 그래서 1791년 발효한 수정 헌법에는 "규율을 갖춘 민병대는 자유로운 주정부의 안보에 필요하므로 무기를 소유하고 휴대할 국민의 권리가 침해를 받아서는 안 된다"는 조항을 포함했어요. 이것이 일반인의 총기 소유를 보장하는 '수정 헌법 2조'입니다. 오늘날에도 많은 미국인은 이 수정 헌법 2조를 근거로 총기 규제를 반대하고 있지요.

미국 전역에 총기가 확산된 계기는 1861년에 일어난 남북전쟁입니다. 노예제 폐지를 주장한 북부와 노예제 폐지를 반대한 남부가 나뉘어 4년간 전쟁을 벌이면서 총이 약 400만 정 생산되었어요. 북부의 승리로 전쟁이 끝나자 미 연방정부는 군인들이 각자 갖고 있던 총과 탄약을 집으로 가지고 돌아갈 수 있게 허용했어요. '총은 나를 지키는 동시에 나라를 하나로 뭉치게 만든 수단'이라는 믿음이 퍼져 있었기 때문이었죠.

하지만 이때부터 총을 이용한 살인이나 강도 같은 범죄가 급격히 늘어나기 시작했어요. 특히 주머니에 넣어 숨길 수 있는 소형 권총이 개발되면서 총이 범죄 도구로 이용되는 일도 늘어났지요. 최근에도 미국에서는 죄 없는 사람들이 총격으로 목숨을 잃는 일이 계속되고 있어요. 2021년 11월 말에도 미시건주 한 고등학교에서 총기 난사 사건이 발생해 4명이 사망하고 7명이 부상을 입는 끔찍한 일이 발생했지요. 2021년에만 29건의 학교 총기 난사 사건으로 59명의 사상자가 발생했는데, 그나마 코로나19로 학교들이 비대면 수업을 한 결과 많이 줄어든 숫자라고 합니다.

이런 일을 막고자 총기를 규제하려는 시도가 있었지만, 여전히 많은 미국인이 "총은 나라의 독립을 이루고 나의 자유와 생명을 지키는 수단"이라며 총기 규제에 반대하고 있어요. 특히 미국총기협회(NRA)는 미국에서 가장 강력한 이익 단체로 총기를 규제하는 법률을 번번이 가로막고 있답니다. 미국의 역사는 총이 개인의 자유를 지키고 나라의 독립을 이룬 수단이기도 하지만, 동시에 너무 많은 사람이 쉽게 가지게 되면 끔찍한 일이 벌어진다는 걸 보여준답니다.

미국총기협회

미국총기협회(NRA·The National Rifle Association of America)는 남북전쟁에 참가했던 장교들이 "미국인들의 사격술을 향상시키자"는 취지로 1871년 만든 단체예요. 각종 사격대회와 사격 스포츠 프로그램을 운영하며 미국인들에게 총기 소유와 사격을 권장하는 동시에 막대한 자금과 조직력을 바탕으로 총기 규제를 막기 위한 로비 활동을 벌이고 있어요.

미국총기협회에는 총기 제조업자와 사격 선수, 총기를 가진 일반인은 물론 전직 대통령과 스포츠 스타 등도 회원으로 가입하고 있어요. 특히 영화 〈벤허〉의 주연배우였던 찰턴 헤스턴은 1998년부터 2003년까지 회장직을 맡아 총기 규제를 막는 데 앞장섰어요.

지난 2000년 미국 대선 당시 민주당의 엘 고어 후보가 총기 규제 법안을 강력하게 추진하려 하자 헤스턴은 "총을 빼앗으려거든 나를 먼저 죽이라"며 반대 운동을 펼쳤고, 엘 고어는 공화당 후보였던 조지 부시에게 패배했어요. 총기협회의 반대 운동이 대선 결과에 큰 영향을 미친 것이죠.

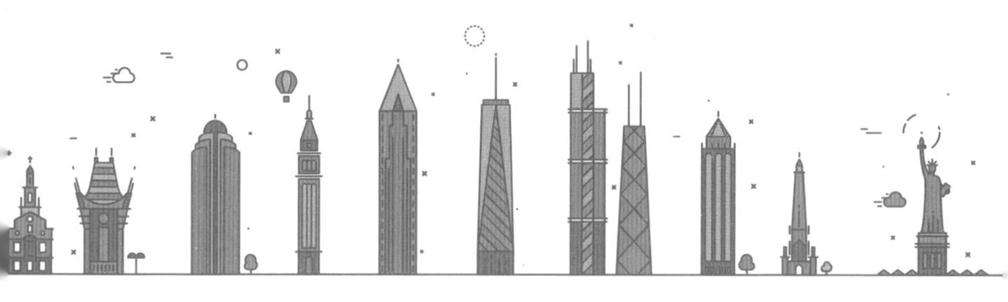

미국의 대통령 선거 '승자독식제도'

2016년 미국 대통령 선거는 한국인들이 보기에 기묘한 선거였습니다. 전체 유권자의 47.5퍼센트의 표를 얻은 도널드 트럼프 후보가 47.7퍼센트의 표를 얻은 힐러리 클린턴 후보를 제치고 대통령에 당선되었거든요. 이상하지요? 분명 표를 더 많이 얻은 것은 힐러리 클린턴 후보인데, 선거의 승자는 도널드 트럼프 후보였으니까요. 이것은 미국의 대통령 선거는 단순히 표를 더 많이 얻은 사람이 승리하는 방식이 아니기 때문입니다. 투표권을 가진 국민의 투표로 바로 대통령을 선출하는 우리나라와는 달리, 미국은 선거인단에 의한 간접선거를 채택하고 있습니다. 미국에서는 주별로 대통령 선거인단이 있고, 하나의 주에서 승리한 후보는 해당 주의 선거인단 모두의 표를 획득하는 '승자독식제'로 대통령을 선출합니다. 대체 왜 이런 복잡한 방법을 선택한 것인지 궁금하지요? 그것은 미국의 역사와 관련이 깊습니다.

영국의 식민지였던 미국은 독립전쟁에 승리하며 영국으로부터 독립하게 되었습니다. 그러나 신생국 미국의 탄생은 순탄하지 않았습니다. 독립전쟁을 마치고 미국인들은 대륙회의를 개최해 연합규약을 마련해 공포했어요(1781). 그러나 이 연합규약에 따르면 미국은 13개 독립국의 연합에 불과했습니다. 지도력 있는 중앙정부의 필요성은 다들 알고 있었지만, 영국 정부가 식민지에 행했던 것처럼 중앙정부도 개인의 자유와 권리를 억압하지는 않을지 걱정했기 때문입니다. 따라서 실질적 중앙정부인 연합회의는 외교와 국방에 대한 권한이 있기는 했지만 병사를 징집하거나 세금을 부과할 때는 주 정부에 요청해야 했으며, 주 정부는 그 요청을 거부할 수 있었습니다. 말하자면 독립 당시 미국의 연합회의와 각 주의 관계는 오늘날 UN과 회원국들의 관계와 비슷했던 것이지요. 이렇게 미국은 하나의 나라이자 13개의 나라였어요. 그런데 얼마 지나지 않아 미국 사회는 큰 문제에 맞닥뜨리게 되었습니다. 독립전쟁으로 인해 발생한 경제적 곤란과 그로 인한 사회적 갈등이었지요.

독립전쟁을 치르는 중에 미국인들은 전쟁을 위해 많은 빚과 세금을 감수해야 했어요. 영국으로부터 독립한 뒤에도 그 부담은 줄어들기는커녕 오히려 더 늘어났고, 자연히 농민과 노동자의 불만은 높아져만 갔습니다. 새로 만들어지는 주 헌법도 그들에게는 큰 의미가 없었습니다. 그들은 재산이 없어서 선거권도 가지지 못했거든요. 결국 1786년, 과중한 빚과 세금에 시달리던 농민들은 퇴역 군인인 다니엘 셰이스의 지휘 아래 1천여 명이 모여 매사추세츠주에서 반란을 일으켰습니다. 주 정부가 직접 세금 부과하는 것을 철폐할 것 등을 요구하며 매사추세츠의 중심 도시인 보스턴을 향해 진격한 농민들은, 그러나 주정부의 군사력에 진압당하고 말았습니다.

셰이스의 반란은 비록 이렇게 끝났지만, 미국의 정책을 결정하는 데 많은 영향을 끼쳤습니다. 비록 독립전쟁이 승리로 끝나긴 했지만 여전히 영국이나 스페인 등의 군대가 미국 근처에 있는 상황에서 국민들의 불만을 무마하고 안정시키기 위해 강력한 중앙정부의 필요성이 제기된 것이지요. 이를 위해 각 독립국의 대표들은 연합규약을 대신할 헌법을 만들기 위해 헌법제정회의를 개최했습니다(1787년). 강력한 중앙정부인 연방정부가 필요해서 모인 제헌회의였지만, 연방정부에 어느 정도의 힘을 줄 것인지는 각자 생각이 달랐습니다. 결국 긴 시간 동안 격렬한 토론이 오간 끝에 마침내 '독립국'이 아닌 실질적 '주'로 구성된 미합중국의 헌법이 만들어졌습니다. 이 헌법이 바로 오늘날 미국을 형성한 최초의 헌법입니다. 헌법에서는 상원과 하원으로 구성된 연방의회의 권한, 주 정부와 연방정부로 구성된 행정부의 권한, 연방을 구성하는 각 주의 권한 등을 규정하고 있습니다. 대통령 선거에 대한 내용도 바로 이 연방 헌법에 따라 결정되었지요.

미국의 선거 방식에서 각 주별로 대표인단을 정해 대통령 선거를 진행하는 것은 바로 이처럼 독립국에서 시작해 연방정부를 만들었던 미국의 역사와 관련이 깊습니다. 주별로 승리한 후보가 해당 주의 선거인단을 독식하는 것도 주의 존재감을 보다 강하게 드러내기 위한 방법인 것이지요. 그렇다면 선거인단을 통한 간접선거 방식을 채택한 이유는 무엇일까요? 미국 역사 초기에는 지금처럼 대규모로 선거유세를 진행하기 어려웠습니다. 반면 간접선거에서는 전체 국민보다 적은 인원이 선거를 진행하니 그들 사이에 토론과 합의로 보다 훌륭한 사람을 선출할 가능성이 높아진다고 생각한 것이지요. 그렇다면 이미 선출한 상원이나 하원의 의원들이 아니라 선거인단을 다시 선출해서 선거를 맡기는 이유는 무엇일까요? 그것은 의원들의 임기와 관련이 있습니다. 의원들의 임기는 1년 이상이기 때문에, 그 사이에 선거권자들의 생각이 바뀔 수 있습니다. 가령 의원은 A를 뽑았는데 시간의 흐름에 따라 A를 지지하지 않게 될 수도 있지요. 이런 이유로 오직 대통령만을 선출하는 목적의 대통령 선거인단을 뽑는 것이지요. 또한 선거인단의 선출 방식은 각 주의 자율에 맡기고 있습니다. 이는 독립국의 연합으로 출발했던 미국의 역사와 밀접한 관련이 있는 것이지요.

우리는 우리와 제도나 문화가 다른 이웃 나라들을 보고 너무 쉽게 '우리만 못하네', 혹은 '우리나라가 낫네'라고 생각하는 경향이 있습니다. 그러나 한 나라의 제도와 문화는 그 나라의 역사적 경험을 반영한 거울이기도 합니다. 따라서 '이상하다'라고 생각할 것이 아니라 그 나라의 역사를 살펴서 지금과 같은 모습이 나타난 이유를 이해하고자 노력하는 자세를 먼저 가져야 할 것입니다. 마찬가지로 다른 나라의 제도가 좋아 보인다고 하더라도 우리나라에 도입할 때는 우리나라의 역사적 경험을 바탕으로 신중하게 검토할 필요가 있겠지요.

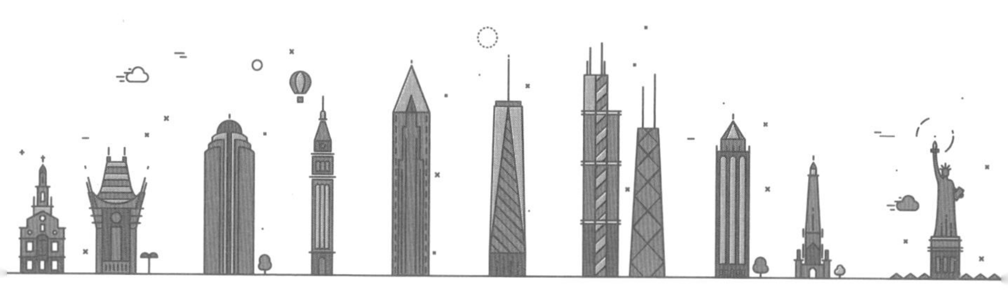

알래스카의 매입,
역사상 최고의 거래

트럼프 미국 대통령은 당선인 시절에 차기 국무장관으로 거대 정유 회사 엑손모빌의 최고경영자인 렉스 틸러슨을 지명했어요. 틸러슨은 17년 전부터 블라디미르 푸틴 러시아 대통령과 친분을 쌓았고, 러시아 정부로부터 '우정훈장'을 받을 정도로 러시아와 가까운 인물이랍니다. 틸러슨이 미국의 외교를 이끌게 되면서 그간 사이가 좋지 않았던 미국과 러시아의 관계가 어떻게 바뀔지 세계의 관심이 집중되고 있어요.

과거 러시아와 미국은 서로 영토를 사고파는 거래를 하기도 했어요. 당시 미 국무장관인 윌리엄 수어드(1801~1872)가 주도한 이 거래는 향후 두 나라의 운명에 큰 영향을 미쳤어요. 거래의 주인공은 바로 북아메리카 대륙 북서쪽에 있는 알래스카(Alaska)입니다.

'알래스카'는 알래스카 원주민인 알류트족의 언어로 '위대한 땅(또는 거대한 땅)'이라는 뜻을 갖고 있어요. 한반도보다 7~8배 넓은 알래스카에는 약 1만 년 전 북동아시아에 살던 사람들이 건너가 살기 시작한 것으로 추정됩니다.

이누이트족과 알류트족이 살던 알래스카는 1741년 안나 여제의 요청을 받은 덴마크 출신 탐험가 비투스 요나센 베링(1681~1741)에 의해 발견되면서 러시아제국의 영토가 되었어요. 이후 해달이 많은 알래스카로 러시아 모피 상인이 하나둘 이주하기 시작했고, 19세기 초 알래스카는 모피 무역의 거점으로 번성하게 되었답니다.

그런데 1853년에 시작된 크림전쟁에서 러시아제국이 오스만제국과 영국·프랑스 등으로 구성된 연합군에 패하면서 알래스카는 애물단지로 전락했어요. 크림전쟁 도중 연합군 함대가 캄차카반도를 점령하자 러시아제국은 "우리 해군력으로는 시베리아 해안과 알래스카를 지키기 어렵다"고 판단했답니다. 게다가 과도한 모피 생산으로 해달이 멸종 위기에 처하면서 알래스카의 모피 무역도 전처럼 많은 돈을 벌어주지 못하고 있었어요.

이런 상황에서 승전국인 영국이 알래스카를 빼앗으려는 조짐을 보이자 러시아제국은 영국과 사이가 좋지 않던 미국에 알래스카를 팔기로 결정했답니다. 영국에 거저 빼앗길 바에 적은 돈이라도 받고 파는 게 이득이라고 생각한 것이죠. 크림전쟁 패배로 정부의 재정난이 심각했던 것도 러시아제국이 알래스카 판매에 적극적으로 나선 또 다른 이유였어요.

러시아 측의 제안을 받은 앤드루 존슨 미국 대통령과 윌리엄 수어드 국무장관은 알래스카를 사들이기로 했어요. 이런 미국의 결정에도 영국이 큰 영향을 미쳤답니다. 과거 미국을 지배한 영국이 알래스카를 차지할 경우 다시 미국에 영향력을 미칠 수 있을 것이라고 생각한 것이죠.

1867년 미국은 러시아제국과 협상을 통해 알래스카의 땅 1헥타르(ha)당 5센트로 환산해 720만 달러를 지불하고 알래스카를 사들였답니다(알래스카 조약). 이 소식이 알려지자 미국 내에서는 불만이 터져나왔어요. 당시 많은 사람이 "우리한테 왜 이렇게 큰 얼음 박스가 필요한 거냐"라며 알래스카를 사들인 정부를 조롱했답니다. 알래스카를 사들인 수어드 장관의 결정은 '수어드의 바보짓(Seward Folly)'이라고 불렸어요. 미국 사람들은 알래스카에 '수어드의 냉장고', '다 빨아먹은 오렌지', '북극곰의 정원'이라는 조롱 섞인 별명을 붙이기도 했답니다.

하지만 얼마 지나지 않아 알래스카는 '위대한 땅'으로 불릴 만한 반전을 선보였어요. 1897년에 금광이 발견된 이후 석유, 석탄, 천연가스, 철 등 각종 지하자원이 쏟아져 나오기 시작한 거예요. 제2차 세계대전 이후 미국과 소련이 팽팽한 대립을 보인 냉전 시대가 열리자 알래스카는 군사적 요충지로도 거듭났어요. 미국은 시베리아와 가까운 알래스카에 미사일을 배치해 소련을 효과적으로 견제할 수 있었답니다.

1959년 미국의 49번째 주로 편입된 알래스카는 현재 미국에서 가장 잘사는 주 중 하나로 꼽혀요. 최근에는 잘 보전된 자연환경이 훌륭한 관광 자원이 되어 막대한 수입을 벌어들이고 있답니다. 현재 알래스카의 가치를 돈으로 환산하면 수조 달러라고 해요. 720만 달러에 사들인 알래스카의 가치가 수십만 배 폭등한 것이죠. '수어드의 바보짓'이라 불렸던 알래스카 매입은 오늘날 미국 사람들에게 '역사상 최고의 거래'라는 칭찬을 받고 있답니다. 반대로 러시아 역사학자들은 알래스카 조약을 '러시아 역사상 최고의 멍청한 짓'이라 한탄하고 있어요.

알래스카를 향한 베링의 모험

덴마크 출신으로 러시아 해군에 소속되어 있던 베링은 1724년 33대의 마차에 짐을 싣고 상트페테르부르크를 출발했어요. 당시 러시아 사람들은 시베리아 동쪽 끝이 다른 대륙과 붙어 있는지 떨어져 있는지를 두고 갖가지 추측을 하고 있었답니다. 이에 황제인 표트르 1세가 베링에게 시베리아 동쪽 끝을 탐험해 답을 찾아내라고 지시한 것이죠. 약 9,900킬로미터의 대장정을 거쳐 시베리아 동쪽 끝에 도착한 베링은 시베리아가 다른 대륙과 이어져 있지 않다는 걸 확인한 뒤 1730년 수도로 돌아왔답니다.

3년 뒤 베링은 "바다 너머에 땅이 있는지 확인하라"는 안나 여제의 지시를 받고 다시 시베리아 동쪽으로 갔어요. 1741년 폭풍우를 만나 표류하던 베링은 우연히 알래스카를 발견하였지만, 곧 식량 부족과 괴혈병으로 목숨을 잃었답니다. 훗날 태평양을 탐험한 영국 해군 장교 제임스 쿡은 베링의 모험 정신을 기려 시베리아와 알래스카 사이 해협의 이름을 '베링 해협'이라고 지었어요.

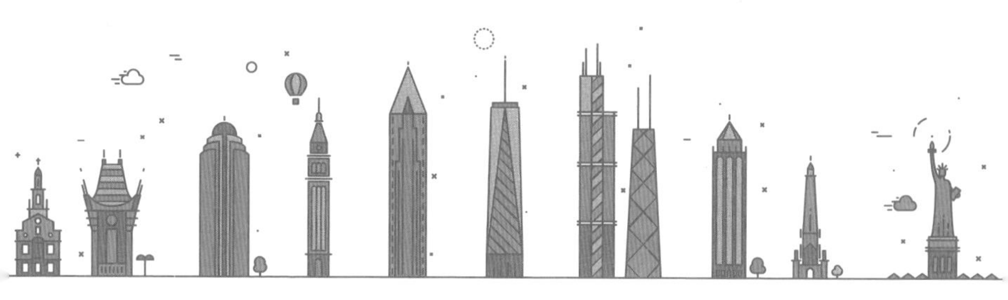

미국연방수사국 FBI 종신 국장 '후버'

2017년 5월, 미국 FBI의 제임스 코미 국장이 해임되었습니다. 이를 두고 그가 러시아와 트럼프 대통령의 내통을 수사하려 했기 때문에 해임되었다는 주장이 제기되었고, 이어서 코미 국장에 대한 청문회가 열렸습니다. 청문회에서 코미 국장은 트럼프 대통령이 러시아 수사를 중단할 것을 지시하는 뉘앙스로 이야기했으며, 코미 국장에게 충성을 요구했다고 밝혔지요. 이에 미국에서는 트럼프 대통령의 행위가 수사에 개입한 것이라는 비판이 나오고 있습니다. 그렇다면 이 사안에서 논란의 중심에 서있는 FBI는 대체 어떤 조직일까요? 이번에는 FBI에 대해 알아보도록 하겠습니다.

영화나 소설을 통해 우리에게 친숙한 FBI는 Federal Bureau of Investigation의 약자입니다. 우리말로는 미국연방수사국이라고 하지요. 연방제를 채택한 미국은 각 주마다 별도의 법률을 가지고 있는 데다가 행정 조직도 별도로 운영하기 때문에, 한 주에서 범죄를 저지른 범죄자가 경찰을 피해 다른 주로 도망가면 잡기가 쉽지 않습니다. 이런 문제는 미국이 세워진 초기부터 존재했기 때문에 주의 경계를 넘나들며 범죄자를 잡아들일 기구가 필요했지요. 이런 필요성에 의해 설립된 기관이 바로 FBI입니다. 그래서 이름에도 '연방'수사국이라는 명칭이 들어가지요. 이런 목적으로 설립된 FBI는 미국 법무부에 소속되어 범죄를 수사하고 정보기관으로서 미국 내의 정보 수집 업무를 담당하고 있습니다. FBI가 생기기 이전에도 미국 내의 정보를 수집하고 범죄를 수사하는 임무를 수행할 사람들은 필요했기에, 법무부는 때때로 재무부 소속의 비밀 검찰국의 요원들을 동원하여 수사를 진행하곤 했습니다. 원래 위조지폐단속을 주 임무로 하는 비밀 검찰국(혹은 비밀 경호국)이었지만 1901년 윌리엄 매킨리 대통령이 아나키스트에 의해 암살된 후 요인 경호의 임무까지 맡고 있었지요. 그러나 법무부가 재무부 소속의 비밀 검찰국 요원들을 쓰는 데는 한계가 있었습니다. 무엇보다 연방정부의 힘이 지나치게 커질 것을 우려한 정치인들이 이와 같은 관행을 반대하고 나섰어요. 그들은 비밀 검찰국이 '비밀 경찰'이 되어 정치 사찰에 악용될 것을 우려한 것이지요. 이에 연방정부는 아예 법무부 산하에 공식적인 수사 조직을 만들기로 결정했습니다. 처음 연방 수사국이라고 이름 붙었던 이 조직은 몇 번의 명칭 변경 끝에 오늘날 우리가 알고 있는 FBI라는 명칭으로 확정되었지요.

그러나 FBI가 초기부터 강한 힘을 가지고 있던 것은 아닙니다. 오늘날 우리가 FBI에 대해 가지고 있는 이미지는 거의 대부분이 존 에드거 후버 FBI 국장 시절에 구축되었어요. 변호사 시험에 합격한 뒤 법무부에 들어간 그는 마피아·무정부주의자 소탕에 공을 세워 29세 때인 1924년 수사국의 수사국장에 임명되었지요. 이후 차츰 수사국의 힘을 키운 그는 1934년 수사국을 법무부에서 독립시키며 이름도 FBI로 바꿨습니다. 국장이 된 후버는 FBI를 활용하여 미국 내 많은 범죄자들을 검거했습니다. 초기의 수사국은 주 정부의 자치권을 침해할 수도 있다는 우려 속에서 강력한 수사권을 가지지 못했습니다. 그러나 1930년대 프랭클린 루즈벨트 대통령이 취임하며 상황은 달라졌습니다. 뉴욕시 경찰청장 등의 자리를 역임한 루즈벨트는 범죄를 소탕할 강력한 국가 기구가 필요하다고 주장하는 입장이었어요. 특히 1920년대 「금주법」의 시행으로 인해 급격히 성장한 갱과 마피아들을 소탕하기 위한 국가적 차원의 수사 기구가 필요하다고 생각하고 있었지요. 이에 루즈벨트 대통령은 FBI에게 연방 각 주에 대한 수사권과 면책특권을 부여했어요. 이 시기 FBI와 후버 국장에 의해 소탕된 마피아 가운데는 우리에게도 유명한 알 카포네도 있었답니다.

그러나 강력해진 FBI와 후버 국장이 좋은 결과만 내놓은 것은 아니었습니다. 반공주의에 과도하게 집착한 후버는 정치적으로 진보적인 입장을 보이는 사람들을 무차별적으로 감시했어요. 연예인에서부터 언론인, 과학자까지 그 대상은 광범위했습니다. 그래서 음모론자들 가운데는 흑인 인권운동가 마틴 루서 킹 목사의 암살 사건이나 케네디 대통령 암살 사건에도 후버 국장이 개입했다고 주장하는 사람들도 있어요. 또한 자신의 지위를 유지하기 위해 정치인들에 대한 불법 도청과 감시도 행했지요. 수많은 정치인들은 후버가 가지고 있는 자신들의 정보 때문에 후버와 FBI의 힘을 제한해야 한다고 생각하면서도 드러내놓고 주상하지 못하고 전전긍긍할 뿐이었습니다. 심지어 FBI 국장의 인사권을 가지고 있는 미국 대통령들조차도 후버를 두려워했어요. 존슨 대통령은 후버를 종신 국장으로 임명하기까지 했습니다. 결국 누구도 후버 국장을 해임할 수 없었고, 후버 국장은 무려 48년간 FBI 국장으로 재임했습니다. 무려 8명의 대통령이 바뀌는 기간 동안 FBI의 국장으로 있었던 것이지요. 종신 국장이었던 후버가 국장에서 물러난 것은 그가 심장마비로 사망한 뒤였습니다. 말 그대로 죽을 때까지 FBI 국장이었던 것이지요. 후버의 사망 이후 후버 같은 인물이 다시 나올 것을 걱정한 미국 의회는 FBI 국장의 임기를 10년으로 제한하는 법률을 통과시켰습니다.

오늘날 후버는 FBI라는 조직을 성장시킨 사람이라는 호의적인 평가와, 정보조직의 힘을 이용해 자신의 영달을 챙긴 괴물일 뿐이라는 비판을 동시에 받고 있습니다. 우리 각자가 후버를 어떻게 평가해야 할지는 개인이 판단할 문제입니다. 그러나 분명한 것은, 민주주의가 정상적으로 작동하는 사회라면 후버 같은 사람이 다시 등장해서는 안 될 것이라는 점입니다.

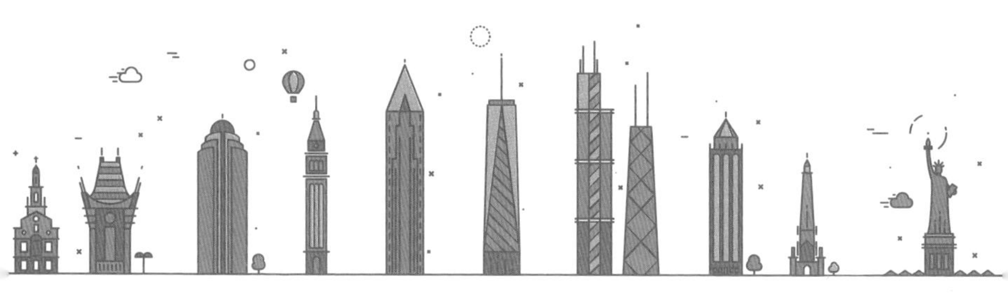

핵무기 개발의 위험성과 공포의 균형

북한의 핵무기를 폐기시키려는 노력이 계속되고 있습니다. 한국은 물론 미국의 대통령까지 나서고 있죠. 그런데 핵무기는 어떻게 등장한 것일까요? 그리고 사람들이 걱정하는 '핵경쟁'은 대체 무엇일까요?

우라늄과 중성자의 충격을 이용해 핵분열을 일으키는 것은 1930년대 말에 이미 밝혀졌습니다. 그리고 핵분열 연쇄반응을 일으키면 대량의 에너지를 얻을 수 있다는 가능성도 밝혀졌지요. 이 무렵 세계는 제2차 세계대전이 발발한 상태였습니다. 독일 과학자들도 우라늄으로부터 대량의 에너지를 얻을 수 있다는 것을 발견했지요. 히틀러와 나치는 이를 무기로 활용할 계획을 세웠습니다. 체코를 점령한 후 체코의 우라늄 수출을 금지시키고 이를 활용해 핵무기를 만들려 시도한 것이지요. 나치 독일이 핵무기를 먼저 발명하게 되면 어떤 일이 발생하게 될지는 누구도 예상할 수 없었습니다. 당시 미국에는 독일의 탄압을 피해 망명 온 물리학자들이 많이 있었는데요, 그들에게는 특히 더 두려운 상황이었습니다. 그들은 결국 미국 루즈벨트 대통령에게 핵무기 개발을 건의하기로 결심했습니다. 세계적인 물리학자 아인슈타인이 루즈벨트 대통령에게 편지를 썼지요. 처음에는 핵무기 개발에 부정적이던 루즈벨트 대통령도 독일이 먼저 핵무기를 개발할 것을 걱정해 마침내 1941년 공식적으로 원자폭탄 개발을 결정했습니다.

미국의 핵무기 개발 프로젝트 명칭은 맨해튼 프로젝트였습니다. 연인원 13만 명과 약 3천 억 달러의 예산을 투자해 핵무기 개발에 박차를 가했지요. 이 모든 작업을 총지휘한 사람은 물리학자인 로버트 오펜하이머였습니다.

이 프로젝트는 미국 과학자뿐만 아니라 연합국의 과학자들이 대거 투입된, 말 그대로 '전 세계적인' 프로젝트였습니다. 게다가 당시 미국의 부통령이었던 트루먼도 모르는 극비 프로젝트였지요. 오랜 연구 끝에 1945년 여름 마침내 원자폭탄이 완성되었습니다. 미국 뉴멕시코의 사막에서 핵실험이 이어졌어요. 원자폭탄의 위력은 모두의 예상을 뛰어넘을 만큼 무시무시했습니다. 실험 후 원자폭탄의 위력을 본 케네스 베인브리지 박사는 오펜하이머에게 "이제 우리 모두는 개자식이 되었다."라는 한탄을 했다고 합니다. 오펜하이머 역시 "나는 세계의 파괴자, 죽음의 신이 되었다."라고 자책했다고 하고요. 원자폭탄의 위력을 직접 본 사람들은 원자폭탄의 사용을 주저하게 되었습니다. 특히 미국의 조지 마셜 장군은 원자폭탄을 사용하더라도 일본의 군수시설을 공격하는 데 사용해야지, 민간인들이 있는 도시에 사용해서는 안 된다고 주장했어요. 하지만 이들의 의견은 모두 철저히 무시되었습니다. 소련이 태평양전쟁에 참전하는 것을 피하고 싶었던 미국은 최대한 빠르게 전쟁을 끝내고 싶었거든요. 그러던 차에 결국 소련이 일본을 향해 공격을 개시했고, 마음이 급해진 미국은 결국 일본 히로시마와 나가사키에 원자폭탄을 투하했어요. 결과는 파멸적이었습니다. 원자폭탄 단 두 발로 무려 20만 명의 목숨이 사라졌습니다. 이 가운데는 일본으로 강제 징용되어 끌려가 있던 조선인 4만 명도 있었지요. 결국 일본은 항복하게 되었고, 이로써 제2차 세계대전은 종결되었습니다. 다만 학자에 따라서는 소련의 참전 때 일본은 이미 항복을 준비하고 있었다고 보는 학자도 있습니다.

전쟁이 끝난 뒤에도 핵무기 개발은 멈추지 않았습니다. 미국의 강력한 라이벌로 부상한 소련은 미국만 핵무기를 가지고 있는 상황이 마음에 들지 않았어요. 이에 소련은 수많은 스파이들을 통해 맨해튼 프로젝트의 기술을 빼돌리려 시도했지요. 그리고 그 결과 1953년 소련도 핵실험에 성공하게 되었습니다. 전쟁을 억제하기 위한 무기로 생각하고 개발한 핵무기가 미국과 소련에 의해 개발되면서 세계는 핵경쟁의 시대를 맞이하게 되었습니다. 냉전 시대 내내 미국과 소련은 더 강한 핵무기를 더 많이 확보하기 위해 군비 경쟁을 펼쳤습니다. 두 나라는 원자폭탄보다 강력한 핵무기인 수소폭탄을 개발했고, 이어서 핵무기를 미사일에 실어서 버튼 한 번 누르는 것으로 상대국에 핵폭탄을 날릴 수 있는 대륙간탄도미사일을 개발했습니다. 세계는 언제든 미사일 한 방으로 상대를 파괴할 수 있지만, 동시에 미사일 한 방으로 자신도 파괴될 수 있는 상호확실파괴(Mutual Assured Destruction)의 시대에 돌입했습니다. 영어 약자는 MAD, 말 그대로 '미친' 시대에 돌입하게 된 것입니다. 냉전이 심화되자 미국과 소련에 이어 영국과 프랑스가 1952년과 1960년에 각각 핵실험에 성공하며 핵무기 보유국이 되었습니다. 중국은 6·25전쟁 때까지도 핵무기를 대수롭지 않게 생각했다고 해요. 중국의 지도자였던 마오쩌둥은 "중국 인구가 얼만데"라며 미국 원자폭탄을 종이호랑이로 비유했다고 합니다. 하지만 미국과 대만이 방어조약을 체결하려 하자 중국이 두 차례에 걸쳐 대만을 포격하는 대만 해협 위기가 발생했고, 이 과정에서 마오쩌둥도 핵무기 보유가 필요하다는 생각을 가지게 되었다고 해요. 게다가 1960년대에 중국과 소련이 갈등을 겪자, 중국 지도부는 핵무기 개발에 더욱 힘을 기울여 결국 1964년 핵실험에 성공하며 핵무기를 보유하게 되었습니다.

이러한 핵개발 경쟁은 쿠바 미사일 위기를 겪으며 최고조에 달했습니다. 이대로는 정말 인류가 멸망할 수도 있다는 위기감 속에서 마침내 핵무기를 제한하기 위한 움직임이 등장했습니다. 미국의 경우 6·25 전쟁 직전 200기였던 핵무기가 핵경쟁이 강화되면서 1953년 1,500개를 돌파해 1960년에는 2만 개에 이르렀고, 소련도 1953년 120개, 1960년에는 1,600개를 보유했습니다. 냉전이 가장 절정에 달했을 때 전 세계에 배치된 핵무기가 6만 개였다는 주장도 있습니다. 핵무기를 제안하자는 주장은 이처럼 핵무기를 많이 가져봐야 상대도 그만큼 핵무기를 보유할 것이기 때문에 치킨 게임이 될 뿐이라는 절박함이 있었기 때문입니다. 1972년부터 핵무기를 제한하자는 취지로 시작된 세 차례의 전략무기제한회담은, 1991년과 2011년의 핵무기를 감축하자는 두 차례의 전략무기감축회담으로 이어졌습니다. 그리고 두 나라뿐 아니라 다른 나라들도 연달아 핵실험에 성공하자, 핵무기가 더 이상 확산되는 것을 막기 위해 1970년 발효된 핵확산방지조약(NPT)은 핵무기 확산을 막고 핵무기의 완전 폐기를 목표로 체결된 국제 군축 조약입니다. 이러한 조약들을 통해 세계는 공멸의 길로 접어드는 것을 피하기 위해 노력해오고 있습니다. 다만 NPT의 경우 기존의 핵보유국들의 핵무기는 제제하지 않는다는 점에서 비판받고 있습니다. 그래서 여전히 미국이 7,200개, 러시아가 7,500개 정도의 핵을 보유하고 있으며, 그 외의 나라는 영국과 프랑스, 중국이 200~300개, 인도와 파키스탄이 120개 내외, 이스라엘이 80개를 보유하고 있지요.

트럼프 대통령 당선인과 푸틴 대통령이 핵무기를 강화해야 한다고 말한 지금, 세계는 어떻게 될까요? 공포로 유지되고 있는 이 균형은 언제까지 이어질까요? 그것은 알 수 없습니다. 게다가 북한이 핵무기를 개발하려 시도하는 상황 속에서 일본과 우리나라도 핵무기를 보유해야 한다는 주장들이 나오고 있어 상황은 더욱 우려스럽습니다. 인류를 멸망에 이르게 할 수도 있는 핵무기는 정말 무서운 무기입니다. 아인슈타인은 원자폭탄의 개발을 주장했지만, 그것이 실제로 사용되는 것을 보고 자신의 선택을 후회했다고 합니다. 이번에는 아인슈탄인의 말로 글을 끝맺겠습니다. "총알은 사람을 죽이지만, 핵무기는 도시를 파괴한다. 탱크로 총알을 막을 수 있지만, 인류 문명을 파괴하는 핵무기를 막을 수 있는 수단은 존재하지 않는다."

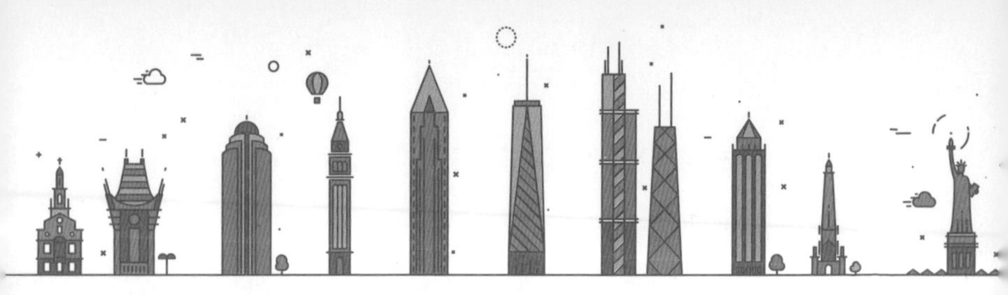

카스트로가 야기한 미·소 갈등

2016년 11월 25일, 피델 카스트로 전 쿠바 국가평의회 의장이 사망했습니다. 반세기가량 쿠바를 지배한 카스트로는 1958년 쿠바혁명으로 사회주의 정권을 수립한 이후 이웃 나라이자 자본주의 진영을 대변해온 미국과 끊임없는 갈등을 벌였어요. 1962년에는 카스트로가 미국에 맞서기 위해 공산주의 진영의 종주국인 소련을 끌어들이면서 미·소 양국이 인류의 멸망을 초래할 수 있는 핵전쟁 직전까지 갔었던 아찔한 일이 벌어지기도 했어요.

쿠바 올긴(Holguin) 주에서 태어난 카스트로는 1945년 아바나대학교 법학과에 다니면서 사회주의 혁명가로 본격적인 활동을 시작했어요. 대학을 졸업한 후 변호사가 된 카스트로는 당시 쿠바를 장악하고 있던 바티스타 정권을 무너뜨리는 데 앞장섰답니다. 1953년에는 혁명 동지 150여 명과 함께 몬카다 병영을 습격했다 실패해 15년형을 선고받고 감옥에 갇히기도 했지요.

1955년 특사로 풀려난 뒤 멕시코로 망명한 카스트로는 체 게바라와 만나 의기투합하고 바티스타 정권을 무너뜨리기 위한 새로운 계획을 세웠답니다. 군사조직을 꾸려 1956년 쿠바에 침투한 카스트로는 쿠바 내 혁명 세력을 모으고 게릴라 전술을 펼쳐 1958년 바티스타 정권을 무너뜨렸어요. 이를 쿠바혁명이라고 하지요.

쿠바의 1인자가 된 카스트로는 강력한 독재 체제를 구축하고 사회주의적 개혁을 추진하면서 이웃 나라인 미국과 대립하게 되었어요. 카스트로가 쿠바에 있던 미국인 소유 기업과 은행들을 모두 국유화하자 미국이 쿠바와의 외교를 단절하고 강력한 경제 제재 조치를 내린 것이죠.

미국의 경제 제재로 위기에 처한 카스트로는 당시 미국과 대립하던 공산주의 진영의 종주국 소련과 손을 잡았어요. 미국과 가까운 위치에 있는 쿠바의 영향력을 갖길 원했던 소련은 경제 위기에 놓인 쿠바에 재정 지원을 아끼지 않았지요.

1961년 피그만 침공 사건 이후 카스트로는 공산주의자와 친소련 인사들을 중용하면서 소련의 신임을 얻어갔어요. 소련의 강력한 군사력을 이용해 미국을 위협하기 위한 것이었죠.

그 결과 쿠바와 소련은 군사조약을 체결하고 '남미에 있는 사회주의국가를 보호한다'는 명분하에 소련이 쿠바에 미사일 기지를 건설하기로 했답니다.

이 소식은 1962년 10월 항공사진을 통해 미국 백악관과 펜타곤에 전달되었어요. 미군 정찰기가 소련이 비밀리에 쿠바에 미사일 기지를 건설하는 모습을 촬영한 것이죠.

당시 미국 대통령이던 존 F. 케네디는 적국인 소련의 미사일 기지가 미국 본토를 직접 공격할 수 있는 쿠바에 세워지는 걸 용납할 수 없었어요. 케네디 대통령은 "미국은 소련이 미사일 기지 공사를 감행한다면 제3차 세계대전도 불사하겠다"는 공식 성명을 발표했답니다. 그리고 미국의 항공모함과 전함을 동원해 쿠바의 모든 항구를 봉쇄하고 소련의 물자와 미사일이 쿠바에 들어오지 못하도록 완전히 가로막았어요.

하지만 소련은 이러한 봉쇄 조치를 비판하며 핵 잠수함이 호위하는 미사일 운반선을 계속해서 쿠바로 몰았어요. 미사일 기지 건설 사업도 멈추지 않고 계속되었고요.

이 가운데 카스트로는 "미국이 쿠바를 침공하는 즉시 미국을 향해 핵 공격을 해 달라"며 갈등을 부추겼고, 미국의 정찰기가 소련에 의해 격추당하고 소련의 잠수함이 미군의 공격을 받는 일도 벌어졌답니다. 미·소 간 갈등은 언제 전쟁이 나도 이상하지 않은 상황까지 치달은 것이죠.

당시 미 국방장관이었던 로버트 맥나마라가 "회의를 끝내고 백악관을 나오면서 노을이 드리운 가을 하늘을 보았다. 참으로 아름다운 저녁이었다. 그리고 우리 모두가 다음 주 토요일이 오기 전에 다 죽을 것이라는 예감에 공포에 휩싸였다"고 말할 정도였답니다.

당시 자본주의 진영과 공산주의 진영의 치열한 군비 경쟁으로 미국과 소련은 엄청난 양의 핵무기를 갖고 있었어요. 실제로 두 나라가 전쟁을 벌였다면 양측이 사용한 핵무기로 인해 인류 전체가 멸망하는 끔찍한 결과를 낳았을

겁니다.

카스트로와 미국의 갈등에서 시작된 쿠바 미사일 위기는 다행히 미·소 간 전쟁이 가져올 위험을 알았던 케네디 대통령과 소련의 지도자 흐루쇼프의 합의를 통해 해결되었어요. 미국은 쿠바의 해상봉쇄를 풀고 향후 쿠바를 침공하지 않기로 약속하고, 소련은 쿠바의 미사일 기지를 포기하기로 한 것이죠.

소련이 미사일 기지를 폐쇄하고 미국이 이 과정을 감시하는 것도 허용하자 카스트로는 이런 소련의 조치에 강하게 항의했다고 해요. 하지만 카스트로도 세계 최강대국이었던 두 나라의 합의를 바꿀 수 없었답니다.

피그만 침공 사건

쿠바혁명 이후 카스트로의 주도하에 쿠바가 공산주의 독재국가로 변한 것에 위기감을 느낀 케네디 대통령은 1961년 카스트로의 독재를 피해 미국에 망명한 쿠바인 1,500명을 무장시켜 쿠바 피그만을 침공하게 했어요.

이들은 미 중앙정보국(CIA)의 지원을 받아 신식 무기로 무장하고도 쿠바군과의 전투에서 완패를 당했어요. 단 3일 만에 100여 명이 죽거나 다치고 1,000여 명이 쿠바군에 생포되었답니다.

미국은 포로 1,000여 명을 다시 미국에 데려오기 위해 몸값 수천만 달러를 카스트로 정권에 지불해야 했어요. 이 사건은 쿠바가 소련과 더 가까워지는 계기도 되었지요.

NORTH AMERICA

NORTH ATLANTIC OCEAN

EST. 1818

TREASURES

SOUTH ATLANTIC OCEAN

SOUTH AMERICA

SOUTH PACIFIC OCEAN

N

W

E

S

SOUTHERN OCEAN

중동·아프리카
(MIDDLE EAST and AFRICA)

다리우스 1세의 위대한 업적, '왕의 길'

우리에게는 모두 비슷하게 느껴지는 이슬람 국가들이지만, 사실 이슬람권 국가들도 다양한 역사적 전통을 가진 민족들로 구성되어 있습니다. 그중에서 이란은 아랍 민족이 아닌 페르시아 민족의 나라입니다. 페르시아인들은 고대부터 오늘날에 이르기까지 여러 번 막강한 왕국을 수립했어요. 이번에는 광대한 영토를 차지하고 찬란한 문명을 꽃피웠던 고대 오리엔트 세계의 패자 페르시아 제국을 알아보겠습니다.

페르시아 제국의 기원은 기원전 8세기 무렵 페르시아인들이 중동 지역에 세운 아케메네스 왕국(안잔 왕국)이에요. 주변 강대국에 이리 치이고 저리 치이던 아케메네스 왕국은 기원전 6세기 키루스 2세(재위기간: BC 559~BC 530년)가 왕이 되면서 대제국으로 발전하였지요.

키루스 2세의 어머니는 오늘날 이란 북서부에 있던 메디아 왕국의 공주 만다네였어요. 만다네의 아버지인 메디아 왕국 국왕은 어느 날 만다네가 낳은 아들이 메디아를 멸망시킬 것이라고 암시하는 꿈을 꾸었어요. 겁이 난 메디아 국왕은 딸 만다네를 변방의 작은 나라였던 아케메네스 왕국의 왕 캄비세스 1세와 혼인시켰지요. 그래도 마음이 놓이지 않았던지 만다네가 키루스 2세를 낳자마자 부하를 불러 키루스 2세를 납치해 죽이라고 지시했습니다.

부하는 키루스 2세를 납치하는 데 성공했지만, 차마 자기 손으로 갓난아기를 죽일 마음이 들지 않았어요. 그래서 산에 살던 양치기에게 아기를 건네고 돈을 주며 아기를 죽여달라고 부탁했답니다. 하지만 양치기는 아기를 죽였다고 거짓말을 하고 키루스 2세를 친아들처럼 키웠어요. 그렇게 아케메네스 왕국의 왕자는 양치기 소년이 되었지요.

건장하고 영리한 청년으로 자란 키루스 2세는 자신이 원래 왕자였다는 사실을 알게 되었고, 기원전 559년 아버지 캄비세스 1세를 이어 아케메네스 왕국의 왕이 되었습니다. 그리고 9년 뒤 메디아 왕국을 멸망시켰지요. 이후 키루스 2세는 인근에 있는 리디아 왕국, 신바빌로니아 왕국 등을 정복해 페르시아 제국을 건설했어요.

키루스 2세가 대제국을 건설할 수 있었던 가장 큰 이유는 여러 지역의 고유한 종교와 관습을 인정해주는 관용 정책을 폈기 때문이었지요. 페르시아의 라이벌이었던 신바빌로니아는 비옥한 땅에서 여러 민족이 어울려 사는 강대국이었어요. 하지만 국왕과 후계자가 종교 탄압을 일삼고 빈부 격차가 커지면서 백성의 원성이 컸지요. 반면 키루스 2세는 여러 종교와 관습을 존중하고 군인들이 점령지 주민을 약탈하지 못하게 했습니다.

그러자 신바빌로니아 백성들이 직접 성문을 열어 키루스 2세를 맞이하였고, 덕분에 키루스 2세는 손쉽게 신바빌로니아를 정복할 수 있었어요. 키루스 2세의 관용 정책은 훗날에도 이어져 페르시아가 다민족 제국으로 번영하는 기틀이 되었답니다. 키루스 2세는 오늘날에도 이란 국민 사이에서 '이란 역사상 가장 위대한 왕'으로 불리고 있어요.

페르시아 제국은 다리우스 1세(BC 550~BC 486년) 때 전성기를 맞이하였어요. 키루스 2세의 아들 캄비세스 2세가 죽고 페르시아 왕실이 혼란에 빠지자 귀족이었던 다리우스 1세는 왕실의 혼란을 잠재우고 페르시아 제국의 왕이 되었지요. 뛰어난 책략가였던 다리우스 1세는 제국 곳곳에서 일어난 반란을 진압하고 정복 전쟁을 일으켜 동쪽으로는 인도 서북부 인더스강 유역, 서쪽으로는 유럽과 아시아의 경계인 다르다넬스 해협까지 모두 페르시아 제국의 땅으로 만들었지요. 두 번에 걸친 그리스 정벌은 모두 실패로 돌아갔지만, 페르시아 제국이 전성기를 누리는데 큰 영향을 주지는 않았어요. 다리우스 1세가 정교한 통치 체제를 갖추고 여러 공공사업을 일으켜 제국의 번영을 이끌었기 때문입니다.

다리우스 1세의 가장 중요한 업적은 광대한 도로망을 갖춘 것입니다. 다리우스 1세는 수도 파사르가다 남쪽에 페르세폴리스라는 도시를 건설해 수도를 옮기고, 그보다 서쪽에 있는 수사를 제2의 수도로 삼았어요. 그리고 페르세폴리스와 수사, 그리고 제국 서쪽의 경제 도시 사르디스를 잇는 도로를 지었습니다. '왕의 길'이라 불린 이 도로의 총길이는 약 2,400킬로미터에 이르렀지요. 페르시아

제국은 '왕의 길'을 통해 지방에 걷은 세금을 중앙 정부로 신속히 옮기고 반란이 일어난 지방이나 국경 지대에 더 빨리 군대를 보낼 수 있게 되었어요.

다리우스 1세는 역참 제도를 갖추어 '왕의 길'을 통치 수단으로도 활용했어요. 도로를 따라 여관과 말을 갈아탈 수 있는 역을 100여 개나 설치하고 우편물도 역참을 통해 전달하게 하였지요. 왕의 지시를 지닌 전령들은 역참을 통해 쉬지 않고 말을 달려 지방 곳곳에 다리우스 1세의 명령을 전했습니다. 지방 총독을 감시하는 비밀경찰도 '왕의 길'과 역참을 통해 지방 곳곳을 옮겨다니며 총독들의 움직임을 살피고 다리우스 1세에게 신속히 보고하였지요.

이렇게 페르시아 제국은 종교·문화에 대한 관용과 정치·경제적 안정이 어우러지면서 번영을 누렸어요. 다리우스 1세는 페르세폴리스에 여름 궁전, 수사에 겨울 궁전을 짓고 새해가 되면 연회를 열었어요. 이 연회에는 귀족과 관료, 주변 나라에서 몰려든 무역 상인과 외교 사절 등 1만 5,000여 명이 모여 며칠 동안 쉬지 않고 수만 마리의 동물을 잡아 고기를 먹고 술을 마셨다고 해요. 페르시아 제국이 얼마나 번성했는지 짐작이 되지요?

하지만 다리우스 1세가 죽고 왕실에 잦은 내분이 벌어지면서 국력이 서서히 약해졌고, 기원전 4세기 말 페르시아 제국은 알렉산더 대왕의 침략을 받아 멸망하고 말았습니다.

이란의 옛 이름은 '페르시아'

1935년 나라 이름을 바꾸기 전까지 이란의 국명은 '페르시아(Persia)'였어요. 고대 그리스인들은 오늘날 이란 남서부 해안 지역에 사는 민족을 '파르스(Fars)'라고 불렀어요. 이 '파르스'가 라틴어로 바뀌면서 '페르시아'로 변한 것입니다.

페르시아 제국은 기원전 4세기에 멸망하였지만, 기원전 3세기 중반 파르티아 제국이 수립되면서 페르시아 제국의 명맥이 이어졌어요. 이후 사산 왕조 페르시아·사파비 왕조·팔레비 왕조 등을 거쳐 오늘날 이란에 이르게 되었지요.

페르시아인들의 후예인 이란은 지금도 사우디아라비아를 중심으로 하는 아랍족 국가들과는 다소 소원한 관계입니다. 여기에는 아랍족 국가들이 대개 수니파가 중심인 반면 이란은 시아파가 중심이라는 종교적 이유도 있습니다. 시아파와 수니파는 무함마드 사후 누가 정당한 후계자인지를 놓고 대립하면서 갈라졌습니다. 무함마드의 언행(순나)을 잘 따르는 사람이면 족하다는 일파(수니파)와 무함마드의 혈통에 깃든 '샤'를 중시한 일파(시아파)가 그 파벌입니다. 오늘날 전체 이슬람 세계에서는 수니파가 다수파, 시아파가 소수파이지만, 이란에서는 시아파가 다수파이지요.

찬란했던 이슬람 문명과 알함브라 궁전

날씨가 자주 흐린 북유럽의 사람들은 여름 휴가철이면 따뜻하고 날씨가 맑아 햇볕을 쪼이기 좋은 남부 유럽으로 휴가를 가는 경우가 많다고 해요. 특히 에스파냐가 있는 이베리아반도는 유럽인들이 즐겨 찾는 휴양지라고 합니다. 그런데 이상하지요. 분명 에스파냐는 유럽 국가인데, 여기에 이슬람교도들이 남긴 문화 유적들이 있습니다. 대표적으로 알함브라 궁전이 있어요. 이번에는 에스파냐에 이슬람 사람들의 유적이 있는 이유를 알아보도록 하겠습니다.

동서로 거대한 유라시아 대륙의 서쪽 끝에는 대서양과 지중해를 구분하는 이베리아반도가 있습니다. 이곳은 지브롤터 해협을 사이에 끼고 북아프리카와도 가까운 곳이지요. 그래서 고대 로마와 카르타고 사이에 전쟁이 발생했을 때는 카르타고의 장군 한니발이 바로 이 지브롤터 해협을 건너 이베리아반도의 에스파냐 지방을 공격하면서 2차 포에니 전쟁이 시작되기도 했습니다. 로마인들이 남쪽으로부터 공격에 대비하고 있을 때 한니발은 이베리아반도를 지나 알프스 산맥을 넘어 로마를 공격했고, 예상 밖의 방향으로부터 시작된 전쟁에 로마인들은 큰 혼란에 빠지기도 했지요. 이후 오랜 시간 로마의 지배를 받아 로마화된 이베리아반도는, 이슬람의 침입으로 다시 일시적인 혼란 상태에 빠지게 되었습니다.

예언자 무함마드가 이슬람 공동체를 건설한 뒤, 이슬람은 빠르게 성장하였습니다. 메디나와 메카를 중심으로 공동체를 키워나간 무함마드는 마침내 아라비아반도 전역을 이슬람 공동체로 통합했습니다. 그러나 무함마드도 인간이었기에 죽음을 피할 수는 없었고, 무함마드가 사망한 뒤 이슬람 공동체는 '대리인'이라는 뜻의 '칼리프'를 선출해 그의 지도를 받게 되었습니다. 지상에 내려온 마지막 신의 사도인 무함마드는 죽었고, 이슬람 공동체가 원하는 것은 왕이 아니었기에 '대리인'이라는 이름의 직책을 만들어낸 것이지요. 이때부터 4명의 칼리프가 선출되던 시기를 정통 칼리프 시대라고 합니다. 하지만 오랜 시간이 지나지 않아 더 이상 칼리프가 선출되는 것이 아니라 세습되기 시작하였어요. 이를 우리는 우마이야 칼리프조라고 부르지요. 비록 무함마드와 정통 칼리프 시대에 비해 종교적 열정이나 확장력은 약해졌지만 우마이야 칼리프조는 여전히 강력했습니다. 북아프리카 지역을 점령한 우마이야 칼리프조는 이윽고 북아프리카의 서쪽 끝을 지나 지중해 건너 이베리아반도를 공격했지요. 당시 서유럽 세계는 서로마가 멸망하고 게르만족 왕국들이 난립해 혼란스러운 상황이었습니다. 이에 비해 이슬람 군대는 잘 정비되어 있었기에 파죽지세로 이베리아반도를 정복해 나갔지요. 그런 이슬람 세력의 북상을 막아낸 것은 게르만족의 일파인 프랑크 왕국의 찰스 마르텔이었습니다. 이후 마르텔의 손자인 카롤루스 대제가 즉위하면서 피레네 산맥을 경계로 북쪽의 크리스트교도 영역과 이베리아반도의 이슬람 교도 영역이 구분되었지요.

우마이야 제국이 피정복민들에게 가혹한 통치를 펼치다 아바스 칼리프조에 의해 멸망된 뒤 이슬람은 분열되었어요. 그러나 우마이야가 아바스에게 멸망할 무렵 탈출한 라흐만 1세에 의해 이베리아반도에 세워진 후우마이야 칼리프조는 여전히 문화적으로 번성하였습니다. 수도 코르도바는 서방 이슬람 문화의 중심을 이루면서 발전하였으며, 유럽의 학자와 학생들은 찬란한 이슬람의 문화를 배우기 위해 코르도바로 몰려들었어요. 당시 코르도바는 인구가 수십만에 달하는 거대 도시였으며, 농업·상업·수공업이 발달해 그야말로 유럽에서 가장 번성한 도시였습니다. 그러나 이처럼 문화적으로 번영을 누리며 오랜 세월 이베리아반도를 지배한 이슬람이었지만 시간이 지나면서 점차 크리스트교도들의 공격을 받아 쇠락하였어요. 유럽인들은 재정복 운동(Reconquista)을 통해 이베리아반도에서 이슬람 국가를 몰아내고 다시 크리스트교 국가를 세우기 위해 지속적인 전쟁을 벌였지요. 또한 후우마이야 칼리프조의 내부분열로 인해 결국 후우마이야 칼리프조는 멸망하고 수많은 이슬람 공국들로 분열되기에 이릅니다. 이들은 하나둘씩 크리스트교도들의 재정복 운동에 의해 멸망하였어요. 1236년 코르도바 정복이 이뤄지면서 재정복 운동이 완성되어가자 나스리드 왕조는 재정복 운동을 주도하던 카스티야의 페리디난드 3세에게 복속할 것을 청하면서 속국으로 살아남았지요. 카스티야로서는 그라나다를 멸망시키는 것보다는 이슬람 국가들과의 연결 통로로 삼아 무역을 하는 것이 더 큰 이득일 거라 생각해서 그라나다를 남겨둔 것이지요. 하지만 15세기에 포르투갈이 바다를 통해 서아프리카와의 교역로를 개척하면서 카스티야 왕국 입장에서는 그라나다의 중요성이 떨어졌어요. 결국 1492년 카스티야의 이사벨 1세와 페르난도 2세에 의해 그라나다가 함락되면서 마침내 이베리아반도에서 찬란하게 꽃 피웠던 이슬람 문명은 소멸되었습니다.

알함브라 궁전은 바로 이 나스리드 왕조 그라나다의 왕들이 거주하던 궁전이었어요. 이 궁전을 두고 19세기의 미국 작가인 워싱턴 어빙은 "사실과 허구에 근거한 수많은 전설과 전승, 아라비아와 스페인의 사랑·전쟁·기사도를 그린 수많은 노래와 발라드가 모두 동방의 이 궁전과 관련되어 있다!"라고 노래했지요. 알함브라 궁전에 갈 일이 있다면, 이베리아반도에서 찬란하게 빛나던 이슬람 문명을 한 번 생각해보는 것도 좋을 것 같습니다.

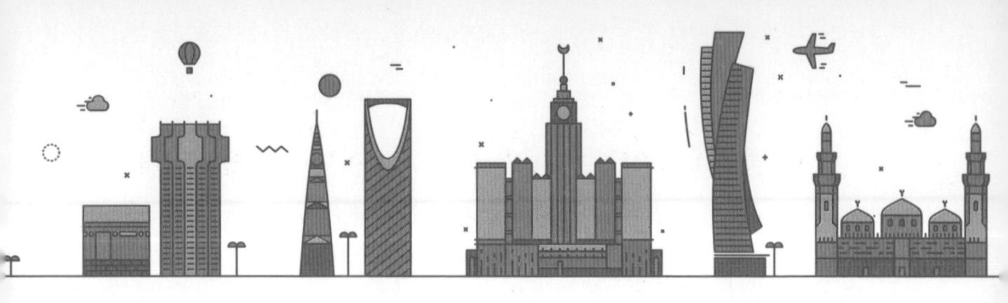

이스라엘과 반유대주의의 역사

도널드 트럼프 미국 대통령이 당선인 시절 스티브 배넌을 백악관 수석 전략가 겸 수석 고문으로 임명한 것을 두고 논란이 일었습니다. 배넌이 인종차별주의와 반유대주의를 주장하는 극우 성향의 인터넷 매체 '브레이트바트'의 공동 창업자이기 때문이죠. 민주당 하원 의원과 많은 사람이 배넌의 임명에 반발했지만 결국 트럼프 대통령은 배넌을 임명했습니다. 배넌처럼 극단적이진 않더라도 미국 내 유대인에 대한 좋지 않은 시선도 점점 커지고 있다고 합니다. 이처럼 반유대주의는 역사 속 유물이 아니라 우리 시대에도 여전히 살아 있습니다. 이번에는 유대인과 이스라엘, 그리고 반유대주의에 관한 역사를 함께 알아보도록 하겠습니다.

유대인들은 기원전 1500년 무렵부터 중동의 팔레스타인 지역에 정착해 살았어요. 그러다 로마제국의 지배를 받게 되자 독립을 위해 계속해서 반란을 일으켰고, 서기 135년 로마제국에 의해 팔레스타인 지역에서 모두 추방당했답니다. 그 후 유대인들은 나라와 땅을 잃고 유럽과 세계 각지를 떠도는 신세가 되었어요.

유대인들은 유럽 각지에 흩어져 정착했지만, 여기서도 멸시와 탄압을 피하지 못했어요. '유대인은 예수를 살해한 집단 책임이 있다'는 인식이 퍼져 있었고, 상업과 금융업에 종사하며 악착같이 살아가는 유대인들을 '돈밖에 모르는 민족'이라고 폄하하는 일도 흔했지요. 흑사병 창궐과 제2차 세계대전 당시에는 죄 없는 유대인들이 학살당하는 일이 벌어지기도 했어요.

이런 상황에서도 유대인들은 '우리는 신에 의해 선택된 민족이며 언젠가 팔레스타인으로 돌아가게 될 것'이라는 믿음을 잃지 않았답니다. 그리고 19세기 무렵 이를 현실로 만들려는 움직임이 나타났어요.

당시 유럽에서는 "단일민족은 민족국가를 세워야 한다"는 민족주의가 일어나고 있었어요. 그러자 유대인들도 "팔레스타인 지역에 유대 민족국가를 세워야 한다"는 '유대주의(Judeaism)'를 주장하기 시작했답니다. '시오니즘(Zionism·예루살렘 중심부에 성지가 있는 언덕 시온(Zion)으로 돌아가야 한다는 뜻)'으로도 불린 이 운동을 펼치던 유대인들에게 제1차 세계대전은 민족국가를 세울 절호의 기회가 되었어요.

오스만제국과 전쟁을 벌이던 영국의 외무장관 아서 밸푸어는 1917년 영국 국적의 유대인 로드쉴드에게 "영국이 팔레스타인 지역에 유대인을 위한 민족국가를 인정할 것을 약속한다"는 편지를 보냈어요. 미국 내 유대인들의 환심을 사 미국의 지원을 얻기 위한 것이었죠.

'밸푸어선언' 이후 영국은 유대인과 미국의 지원을 받아 전쟁에서 승리했고, 오스만제국이 지배하던 팔레스타인 지역을 영국의 식민지로 편입하였답니다. 그러자 팔레스타인 지역으로 이주하는 유대인이 급격히 늘어나기 시작했어요.

오랫동안 팔레스타인 지역에 살아온 아랍인들은 반발하고 나섰어요. 갑자기 이주해온 유대인들이 팔레스타인에 정착하고 나라를 세운다는 건 이들로서는 납득할 수 없는 일이었기 때문이죠. 아랍인들은 영국의 이중적인 태도에도 크게 분노했어요. 밸푸어선언에 앞서 영국 고등판무관인 맥마흔이 1915년 "아랍인이 오스만제국에 맞서 전쟁에 참가하면 팔레스타인 지역에 아랍 국가의 독립을 보장해주겠다"는 거짓 약속을 했기 때문이었죠. 결국 아랍인들은 영국과 유대인을 향한 폭동을 일으켰고, 유대인과 아랍인 사이의 갈등은 걷잡을 수 없이 커졌어요.

사태 수습을 떠맡은 유엔은 1947년 아랍인과 유대인이 팔레스타인에 각자의 국가를 건설하는 방안을 채택했답니다. 사실상 유대인의 국가를 인정해준 결정이었기 때문에 수천 년간 팔레스타인에 살아온 아랍인들은 이 방안에 큰 불만을 품었어요.

드디어 1948년 팔레스타인 지역에서 영국군이 철수하자 유대인들은 이스라엘의 건국을 공식으로 선언했어요. 1000년 넘게 세계를 떠돌던 유대인들의 간절한 꿈이 현실이 된 순간이었지만, 강대국과 이스라엘에 땅을 빼앗긴 아랍인들과 주변 중동 국가들은 이스라엘을 몰아내기 위해 동맹을 맺고 전쟁을 선언했어요. 이렇게 중동 국가들과 이스라엘은 1979년까지 네 차례에 걸쳐 '중동전쟁'을 벌였답니다. 네 번의 전쟁은 모두 이스라엘의 승리로 끝났어요.

이 전쟁의 결과로 아랍인 100만 명 이상이 난민 신세가 되었고, 팔레스타인 지역에 남은 아랍인들은 가자지구 등 '보호구역'으로 불리는, 장벽이 둘린 지역에 갇혀 살게 되었어요. 이 지역에서는 오늘날까지 팔레스타인과 이스라엘 간의 갈등이 끊임없이 이어지고 있답니다.

반유대주의란?

반유대주의는 유대인과 유대인들이 주로 믿는 유대교에 대한 적대적인 감정이나 이념, 행위를 뜻해요. 셰익스피어의 작품 『베니스의 상인』에서 안토니오의 살점을 요구하는 냉혹한 유대인 고리대금업자 샤일록은 유대인에 대한 사람들의 부정적인 이미지를 상징적으로 보여주지요.

유대인에게 관대한 미국에도 반유대주의가 커지고 있어요.

엄청난 재산과 영향력을 지닌 유대인들이 미국의 금융과 정치를 장악해 부당한 영향력을 행사한다는 것이지요. 특히 9·11 테러 이후 무슬림에 의한 테러가 늘어나면서 "이스라엘에 우호적인 미국 내 유대인들이 중동의 반미주의와 테러를 유발했다"는 인식도 커지고 있답니다. 그럼에도 특정한 민족과 인종을 멸시하고 차별하는 것은 분명히 잘못된 행동이에요.

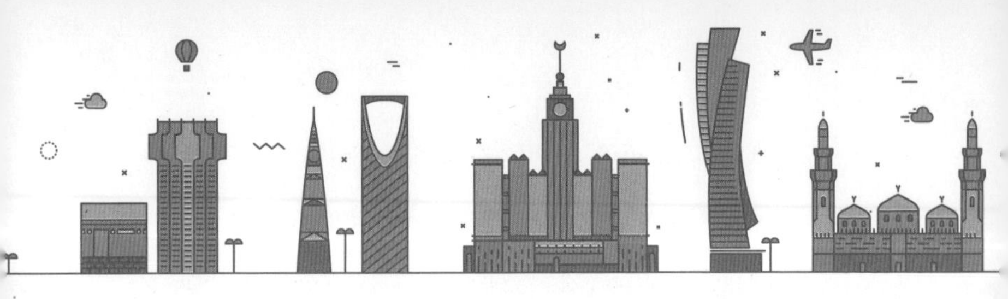

시리아 내전의 역사적 기원

유럽은 시리아에서 넘어온 난민 문제가 큰 정치적 이슈입니다. 2012년 본격화한 시리아 내전은 긴 시간 동안 시리아와 주변 지역 사람들의 삶을 망가뜨렸어요. 수십 만 명의 사람들이 죽었고, 천만 명 가까운 난민이 발생했지요. 이 과정에서 배를 타고 유럽 방면으로 탈출하던 배가 뒤집어지면서 많은 사람이 죽었는데요, 특히 쿠르디라는 어린 소년의 주검을 찍은 사진이 퍼지면서 전 세계 사람들에게 큰 충격을 주기도 했습니다. 그렇다면 대체 시리아 내전은 왜 발생한 것일까요?

시리아에 사람들이 거주하며 문명을 형성한 것은 아주 오래되었지만, 시리아가 독립국으로 세계무대에 등장한 것은 그리 오래되지 않았습니다. 워낙 알토란 같은 땅이라 역사상 수많은 나라들이 탐을 낸 지역이었거든요. 오랫동안 튀르크족의 국가인 오스만 제국에 속해있던 아랍인들이 독립한 것은 제1차 세계대전이 끝난 뒤였습니다. 아랍인들은 오스만 제국이 붕괴한 뒤 그 지역에 아랍인들의 국가를 세우는 것을 도와주겠다는 영국과 연합국의 약속을 믿고 연합국을 도와 오스만 제국과 싸웠습니다. 민족의식보다는 이슬람이라는 종교로 통합되어 있던 이 지역에 유럽으로부터 도입된 민족주의가 등장하기 시작한 것이지요. 아랍인들은 오스만 제국에 대항해 봉기를 일으켰고, 그 결과 오늘날의 시리아를 포함해 레바논, 팔레스타인, 요르단을 포함하는 지역을 장악하고 시리아 아랍 왕국(1920)을 건설했습니다. 이 봉기를 이끌었던 파이살은 왕국의 국왕이 되었지요. 하지만 이 왕국은 아랍 대표자가 빠진 채 열린 산레모 회담으로 붕괴됩니다. 연합국 최고 위원회가 이 지역을 프랑스에 위임통치하기로 결정했거든요. 파이살 국왕은 프랑스와 싸웠으나 패하여 권력을 잃었고, 왕국은 프랑스(시리아, 레바논)와 영국(팔레스타인, 요르단, 이라크)에 의해 쪼개져 위임통치가 결정되었습니다. 당연히 아랍인들은 연합국의 배신에 분노했습니다. 프랑스가 통치하는 시리아 지역에서도 수차례 저항이 발생했지요. 그러나 시리아 지역에서 일어난 저항은 모두 프랑스에 의해 진압되었고, 시리아는 독립국이지만 실질적으로는 프랑스의 지배를 받는 처지였습니다. 시리아가 실질적으로 독립한 것은 제2차 세계대전이 끝난 뒤였어요. 이때 결성된 아랍 연맹의 지지를 받아 시리아도 마침내 독립한 것이지요. 독립한 뒤 수차례 쿠데타로 혼란스러운 시기를 거친 시리아는, 한때 이집트와 함께 아랍 연합공화국을 결성하기도 했습니다. 그러나 시리아가 아랍 연합공화국에서 변방으로 밀리자 불만을 가진 시리아 사람들의 반발로 결국 탈퇴하였습니다. 이후 시리아의 권력을 장악한 것은 바트당 소속 군인들이었지요. 바트당은 1930년대에 결성된 시리아의 민족주의적이고 세속주의적인 정당입니다. '바트'는 '부흥'이라는 뜻이라고 해요. 1970년 바트당의 하페즈 알 아사드 장군이 쿠데타를 일으켜 정권을 장악하였는데요, 대통령이 된 하페즈 알 아사드 장군은 표면적으로 세속주의적인 정책을 취했어요. 그러자 이번에는 이슬람교의 다수파인 수니파의 원리주의자들이 불만을 가졌습니다. 게다가 하페즈 알 아사드 대통령은 소수파인 시아파 가운데서도 소수인 알라위파였거든요. 결국 수니파의 이슬람 극단주의자들인 무슬림 형제단은 하페즈 알 아사드 대통령을 암살하려 시도했어요. 대통령이 지나가는 길에 수류탄을 던졌지요. 죽음의 위기를 가까스로 피한 하페즈 알 아사드 대통령은 자신의 암살을 시도한 무슬림 형제단이 다수 거주하던 하마 시를 공격해 사람들을 학살했어요. 이런 과정을 거치며 시리아 내의 다수파인 수니파 사람들은 시리아 정부에 대해 불만을 품고 있었습니다. 이러한 역사적 배경 속에서 시리아 정부에 대한 불만이 폭발한 것이지요.

시리아 내전의 표면적인 시작은 2011년 '아랍의 봄'이라는 민주화 운동이었습니다. 2010년 튀니지에서 시작된 아랍 민주화 운동은, 시간이 지나며 알제리, 리비아, 요르단 등 아랍 지역의 다른 나라들로 확산되었습니다. 시리아 지역으로도 그 영향이 미치기 시작했지요. 시리아는 그러던 중 2011년 3월 시리아 남부의 '데라'라는 도시에서 10대 소년들이 아랍 민주화 운동에서 사용되었던 구호를 벽에 쓰자 시리아 정부는 그 소년들을 체포했습니다.

이에 대해 시민들이 항의하자 시리아 정부군은 시민들을 향해 실탄을 발사해서 사망자가 발생했는데, 다음 날 사망자의 장례에서도 정부군이 실탄을 발포하며 사망자가 추가로 발생했어요. 이어서 탱크를 포함한 기갑부대를 동원해 시민들을 폭력적으로 진압했지요. 결국 분노한 시민들이 봉기를 일으키며 시리아 내전이 전국적으로 퍼져나가기 시작했습니다. 반군은 자유시리아군(FSA)을 결성해 정부군에 맞서 싸웠습니다. 현재 시리아를 통치하고 있는 바샤르 알 아사드 대통령은 전임 대통령인 하페즈 알 아사드의 아들입니다. 2대에 걸쳐 권력을 세습한 독재자 집안이지요. 초기 하페즈 알 아사드 대통령과 집권층의 퇴진을 요구하는 반군과 정부군의 전투였던 내전은 시간이 지나며 양상이 복잡해지기 시작했습니다.

우선 수니파 국가들인 터키, 사우디아라비아 등이 시리아 반군을 지원하고, 시아파의 맹주인 이란이 정부군을 지원하면서 시리아 내전은 이슬람 세계의 종파 간 분쟁으로 확대되기 시작했습니다. 여기에 2014년 이라크의 혼란을 틈타 이라크 지역에서 등장한 이슬람국가(ISIS)가 시리아 지역으로 넘어오면서 문제가 더 복잡해졌습니다. 이들은 수니파의 율법을 따르는 이슬람교도들인데요, 이라크-시리아 지역에 7세기에 세워졌던 초기 이슬람 국가를 부활시키겠다고 주장하며 시리아 반군에 가담해 시리아 정부군을 공격하고 있습니다. 문제는 이슬람국가(ISIS)는 반군 내에서도 세속주의적이고 민주주의를 지향하는 다른 반군들을 공격하고 있다는 것인데요, 이렇게 내전에 관련된 단체와 국가들의 상황이 복잡하다보니 결국 미국을 비롯한 서방 세계가 어느 한 편을 들 수가 없는 상황이 되어버렸습니다. 우선 바샤르 알 아사드 대통령과 정부군을 지원할 수는 없습니다. 그랬다가는 이슬람 세계의 다수파인 수니파 국가들과 사이가 틀어지고, 게다가 독재 정권을 지원한다는 오명까지 뒤집어쓸 것이기 때문이지요. 반면 반군을 지원할 수도 없습니다. 현재 시리아 정부는 그나마 세속주의적인 정책을 취하는 입장인데, 반군이 승리하면 이슬람 극단주의자들이 권력을 장악할 위험이 크거든요. 게다가 반군을 지원하면 반군의 일원인 이슬람 국가(ISIS)를 비롯한 이슬람 무장 단체들에게 무기를 공급하는 꼴이 될 위험이 크고요. 이처럼 복잡한 사정들이 얽혀있다 보니 시리아 내전은 발생한 지 10년이 지났지만 여전히 해결이 요원하고, 그 속에서 시리아 국민들만 고통받고 있는 현실입니다.

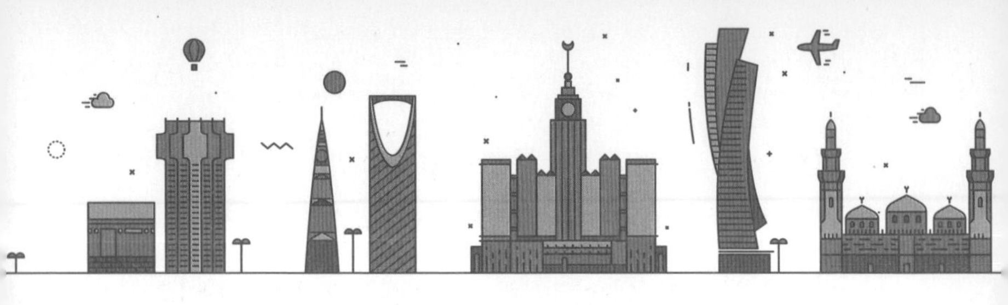

남아프리카공화국의 인종차별 문제

남아프리카 공화국에는 한때 아파르트헤이트라는 악명 높은 인종 차별 정책이 있었습니다. 이 악법은 넬슨 만델라 대통령과 함께 철폐되었고, 오늘날의 남아프리카 공화국은 흑인과 백인의 갈등을 딛고 일어선 나라입니다. 그런데 남아프리카 공화국에 다시 인종 간의 갈등이 재발할 조짐이 보이고 있다고 해요. 야당인 '경제 자유 전사들'의 당대표인 줄리어스 말레마가 백인들의 토지를 무상 몰수하자고 주장하자, 제이콥 주마 현 대통령도 대중의 인기를 노리고 백인들의 토지를 몰수해 식민지 이전의 토지 소유 상태로 돌려놓겠다고 선언하고 있습니다. 자연히 남아프리카 공화국에 살고 있는 백인들은 격렬하게 반대하는 상황입니다. 남아프리카 공화국에 이처럼 인종차별 문제가 심각한 이유는 무엇일까요? 이번에는 남아프리카 공화국의 역사를 살펴보도록 하겠습니다.

아프리카라고 하면 부족 수준의 미개한 사람들이 사는 대륙이었다는 오해들이 많습니다. 그러나 실제로는 아프리카에도 문명이 존재했고, 국가가 존재했습니다. 남부 아프리카에는 수천 년 전부터 반투족이 터줏대감으로 살고 있었습니다. 반투는 '인간'이라는 뜻이라고 해요. 그들은 농경민으로서 주위의 다른 수렵 부족민들을 야만인이라 천시했지요. 그들은 13세기 짐바브웨 왕국, 14세기 콩고 왕국 등 아프리카 역사에서 손꼽히는 큰나라들을 건설하기도 했습니다. 그런데 15세기 유럽인들이 아시아로 가는 뱃길을 찾으려 항해에 나섰다가 아프리카의 남부에 도착한 뒤 이 지역으로 물밀듯이 밀려들어오며 유럽의 백인들과 아프리카 흑인들의 갈등이 시작되었습니다. 유럽인으로서 처음 이 지역에 정착을 시도한 것은 네덜란드인들이었어요. 1652년에 네덜란드인 얀 반-라이빅은 네덜란드의 동인도회사와 합작으로 희망봉 근처에 도착하여 정착지와 항구를 건설했습니다. 이 정착지로 유럽인들이 모여들면서 오늘날의 케이프타운으로 성장하였지요. 이곳은 초기에 네덜란드의 지배를 받았으나 나폴레옹 전쟁을 거치면서 영국에게로 넘어갔어요. 영국은 케이프 식민지로 영국인들을 대거 이주시키고, 공용어도 네덜란드어에서 영어로 바꿔나갔습니다. 또한 산업화가 한창이던 영국에는 노예가 아닌 노동자들이 필요했기에 노예를 해방시키고 식민지 내에서 유색인종도 백인과 동등한 권리를 가진다는 제50호 법령을 통과시켰지요. 그러나 케이프 식민지에 살고 있던 보수적인 네덜란드인들은 이러한 영국의 조치들에 크게 불만을 가졌어요. 특히 흑인들과 자신들이 동등한 대우를 받는다는 사실에 분노했지요. 이에 수많은 네덜란드인들이 케이프 식민지를 떠나 아프리카 내륙으로 이주를 했습니다. 이렇게 이주한 네덜란드인들을 네덜란드어로 '농부'라는 의미의 '보어'인이라고 부르게 되었어요.

그런데 보어인들이 이주해간 곳에는 그에 앞서 건국된 흑인들의 나라가 있었습니다. 그 나라는 반투족의 한 갈

래인 줄루족의 샤카가 건설한 줄루 왕국이었어요. 그 전까지 수백 단위의 전투만 있던 아프리카 사회에서, 샤카 왕은 다른 부족을 정복하며 만 단위의 군대를 보유하게 되었습니다. 이에 수많은 부족들이 샤카 왕에게 정복되었고 샤카는 거대한 왕국을 형성할 수 있었지요. 그러나 어머니의 사망 이후 샤카 왕은 점차 흉폭해졌다고 해요. 그래서 보어인들이 도착할 무렵에는 샤카 왕의 동생들이 샤카 왕을 암살하고 왕위를 빼앗아, 딩가네 왕이 재위하고 있었습니다. 딩가네 왕은 형을 죽이고 왕이 된 인물로 의심이 많았어요. 백인들이 자신의 땅에 정착하겠다고 하자 혹시 나라를 뺏으러 온 것은 아닌지 의심했지요. 그러나 백인들의 무력을 시험해보고자 했던 딩가네왕과 줄루인들은 겉으로 보어인을 환대하는 척했어요. 그러고는 얼마 전에 소를 약탈당했는데 그게 보어인들 소행이 아닌지 의심하는 척하며 틀로크와 부족과 보어인들이 싸우도록 유도했지요. 보어인들은 자신들의 결백을 증명하기 위해 틀로크와 부족과 싸워 줄루족의 소를 되찾았습니다. 그러나 보어인들이 틀로크와 부족의 소를 모두 빼앗고 그 가운데 일부만 줄루족에게 보내자 딩가네 왕은 보어인들을 죽이기로 결심했어요. 딩가네 왕은 잔치를 벌이는 척하면서 보어인들을 초대해 보어인 전사들을 모두 죽이고, 군대를 보내 나머지 보어인들도 공격했어요. 기습당한 보어인들은 '통곡의 학살'을 당한 뒤 도망쳐 다른 보어인들과 연합해 줄루족에 맞서 싸웠습니다. 그러나 이번에도 줄루 전사들은 보어인을 격퇴시켰어요. 그뿐만 아니라 보어인들을 도와주겠다는 명분으로 줄루 왕국을 공격한 영국의 나탈 대군단도 격퇴시켰지요.

그러나 줄루 왕국의 분투도 거기까지였습니다. 보어인들의 새로운 지도자로 등장한 프레토리우스는 보어인들을 다시 통합해내는 데 성공했고, 줄루 왕국의 군대를 얕잡아보지도 않았습니다. 신중하게 군사작전을 펼친 끝에 보어인들은 줄루 왕국의 군대에 승리를 거두고 줄루 왕국을 복속시키는 데 성공했습니다. 이후 프레토리우스는 보어인의 국가인 나탈리아 공화국을 세웠어요. 하지만 케이프 식민지의 영국 식민 정부는 보어인의 독립국을 인정하지 않았고, 보어인들 역시 줄루족의 위협이 없어지자 다시 분열하기 시작했습니다. 결국 나탈리아 공화국은 얼마 뒤 어느 정도의 자치권을 조건으로 영국의 통치를 수용하였습니다. 그러나 대다수의 보어인들은 나탈리아 공화국의 통제를 따르는 것도, 영국의 통치를 받는 것도 싫어

했어요. 결국 그들은 또 다시 영국을 피해 북으로 떠나 트랜스발 공화국과 오렌지 자유국을 건설했어요. 당시 케이프 식민지를 지배하고 있던 영국은 보어인들이 독립된 나라를 세우는 것이 못마땅했지만 해당 지역들이 너무 멀고 별다른 자원이 없어 전쟁을 벌이는 게 실익이 없다고 판단해 두 나라의 독립을 인정했지요. 이렇게 해서 남부 아프리카에는 영국인들의 케이프 식민지와 줄루족의 줄루 왕국, 보어인의 공화국 두 나라가 공존하는 길이 열리는 듯했습니다. 보어인들의 땅에서 금과 다이아몬드가 발견되기 전까지는요.

누구도 예상하지 못했던 일이 벌어졌습니다. 보어인들의 지역에서 금과 다이아몬드 광맥이 발견된 것이지요. 농업에 종사하던 보어인들은 이제 일확천금을 노리고 광맥으로 달려들기 시작했습니다. 케이프 식민지에 있던 영국인들도 마찬가지로 보어인의 땅으로 이주해와 광맥을 찾아다녔지요. 상황이 이렇게 되자 영국 정치인들과 군대도 보어인들의 땅에 욕심을 내게 되었습니다. 그런데 이처럼 금과 다이아가 발견되었음에도 보어 공화국들의 사정은 악화되었어요. 인플레이션이 심해지며 경제가 흔들린 것이지요. 결국 영국 식민청의 특사인 셉스톤은 보어인들의 자치권을 약속한 뒤 트란스발 공화국을 다시 영국의 식민지로 편입시킵니다. 트란스발을 편입시킨 셉스톤은 보어인들과 줄루인들의 분쟁을 종식시키기 위해 줄루 귀족들과 족장들을 만나 국경을 확정지으려 시도했어요. 나탈리아 공화국이 세워진 뒤 줄루족을 배신하고 보어인에 협력해 왕이 되었던 음판데가 그의 아들인 세츠와요에 의해 권력을 빼앗긴 뒤, 세츠와요는 다시 줄루족을 통합해 힘을 기르고 있었거든요. 그러나 셉스톤은 보어인의 편을 들며 줄루족이 양보할 것만을 요구했지요. 분노한 줄루 왕국의 왕 세츠와요를 비롯한 줄루인들은 백인들과의 어떠한 대화도 거부하기 시작했습니다. 셉스톤은 셉스톤 나름대로 자신은 호의를 가지고 양쪽을 중재하려 했는데 줄루족에게 무시당했다고 느꼈습니다. 이에 영국과 줄루 왕국은 전쟁에 돌입하게 되었죠. 이번에도 역시 줄루족은 용맹하게 싸웠지만 영국군에게 패배하고 말았어요. 영국은 줄루 왕국을 여러 개의 부족으로 분할한 뒤 각 부족에 친영파 추장들을 '임명'하였지요. 이후 전쟁에 패해 3년간 영국으로 끌려갔다가 돌아온 세츠와요 왕이 사망하면서 줄루 왕국은 최종적으로 멸망했습니다.

줄루 전쟁이 끝났어도 흑인들의 삶은 계속 불행했어요.

이번에는 보어인과 영국인들 사이에 '보어전쟁'이 발생했거든요. 영국인들은 보어인들의 땅에 묻힌 금과 다이아를 탐냈고, 보어인들은 영국인들이 약속한 자치권이 제대로 지켜지지 않자 불만이 많았습니다. 결국 영국인들은 줄루 전쟁이 끝난 뒤 보어인들의 땅을 흡수하기 위해 전쟁을 일으켰습니다. 당시 세계 최강이라 해도 과언이 아니던 영국군에 맞서 보어인들은 게릴라전으로 맞섰어요. 그러나 게릴라전을 분쇄하기 위해 영국군이 보어인들의 농장들을 모두 파괴하기 시작하자 근거지를 잃은 보어인들은 버티지 못하고 영국에 항복하게 됩니다. 그리고 이 둘의 충돌인 보어전쟁에 흑인들은 또 다시 강제 동원되었어요. 보어전쟁에서도 이기며 최종 승자가 된 영국은 줄루 왕국과 케이프 식민지, 트랜스발 공화국, 오렌지 공화국 전체를 하나로 묶어 남아프리카 연방을 세웠습니다. 이 연방은 영연방의 하나로 영국의 지배를 받다가, 1961년 마침내 자치령에서 벗어나 영국으로부터 독립했습니다. 남아프리카 공화국은 바로 이 남아프리카 연방의 후신이에요. 그러나 식민지 시대부터 이어진 줄루족, 줄루족 이외의 아프리카 민족, 영국인, 보어인들의 갈등이 계속되며 악명 높은 인종 차별 정책인 아파르트헤이트가 유지되고 있었지요. 이 인종 차별 정책은 넬슨 만델라 대통령에 의해 종식되었습니다.

오늘날 남아프리카 공화국에 흑백 갈등이 첨예한 것은 이처럼 제국주의 시대의 역사까지 거슬러 올라갈 수 있습니다. 토착 원주민들의 땅을 침략한 보어인과, 그 보어인까지도 제압하고 식민지를 건설한 영국에 의해 아프리카 토착민들의 삶은 황폐해졌지요. 이 과정에서 부(富)는 백인들이 독식하고, 흑인들은 원래 가지고 있던 땅을 모두 잃었습니다. 백인들의 땅을 몰수해야 한다는 주장은 이와 같은 맥락에서 제기되고 있는 것이지요.

아시아
(ASIA)

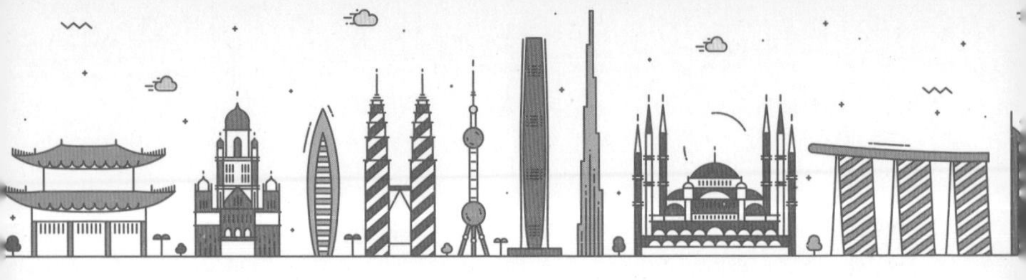

신라의 비밀 무기, '쇠뇌'

2017년 사드 배치 문제로 우리나라와 중국 사이에 험악한 분위기가 흘렀습니다. 사드는 높은 고도에서 탄도 미사일을 요격하기 위한 미사일과 그 체계를 의미하는 말입니다. 북한의 핵미사일에 대비해 배치한 무기 체계이지요. 한한령이 내려질 정도로 냉각되었던 한중 관계는 이후 갈등이 다소 완화되기는 했으나, 여전히 그 여파가 남아있습니다. 그런데 우리나라에 사드를 배치하는데 왜 중국과 외교적 마찰이 발생한 것일까요? 중국은 북한을 경계하기 위해 설치한 사드 체계에 의해 중국까지 탐지될 것을 걱정해 한반도에 사드가 배치되는 것을 반대하고 있는 것이지요. 중국과 우리나라는 아주 가까이 이웃하고 있는 나라이기 때문에 오랜 옛날부터 깊은 관계를 맺어왔는데요, 때로는 친밀한 관계를 맺기도 했지만 때로는 격렬하게 충돌하기도 했답니다. 두 나라가 갈등을 빚을 때는 특히 국방과 관련된 경우가 많았어요. 조선 태조 이성계와 정도전이 군사력을 키울 때는 명나라 태조 주원장이 조선이 요동지방을 공격할 것을 걱정했으며, 그 결과 정도전을 명나라로 보내라고 여러 차례 조선을 협박하기도 했지요. 아주 친밀한 사이였다고 알려진 신라와 당나라 사이에서도 국방 문제로 첨예한 신경전이 발생했었답니다.

우리 민족은 전통적으로 활이 발달한 민족이었어요. 부여의 시조나 고구려의 시조 모두 활을 잘 쏜다는 의미의 주몽이라고 불렸었고, 조선의 건국자인 태조 이성계도 명궁으로 유명했지요. 이는 산지가 많은 한반도의 지형과 깊은 관련이 있습니다. 험한 산에 산성을 쌓고 활을 이용해 방어하면 수월하게 적을 막아낼 수 있었거든요. 이처럼 활을 잘 쏘는 사람들이 많고, 활을 주 무기로 사용하다보니 자연스레 활을 만드는 기술도 발달했지요. 신라는 그 가운데서도 특히 '쇠뇌'를 잘 만들었다고 합니다. 쇠뇌는 다른 말로 '노'라고도 하는데요, 우리가 흔히 석궁이라고 부르는 무기를 말합니다. 신라의 쇠뇌는 무려 1천 보를 날아갔다고 해요. 당나라는 이 무기를 탐냈습니다. 당시는 고구려가 멸망한 다음 해인 669년이었어요. 백제와 고구려가 망할 때까지는 공동의 적에 맞서 굳건해 보였던 두 나라의 동맹이지만, 고구려가 망하자 둘 사이에는 불편한 기류가 형성되었습니다. 당나라는 요동지방은 자신들이 차지하되, 평양 이남의 고구려 땅과 백제 땅은 신라에게 준다던 약속을 모르쇠하고 백제 지역까지 차지하려 시도했기 때문이지요. 그러나 고구려 유민과 백제 유민들의 저항이 거셌기 때문에 당나라의 생각대로 되지 않던 상황에서 당나라는 신라의 첨단 무기였던 쇠뇌 기술을 노린 것이지요.

당나라 고종이 신라에 파견한 사신은 신라의 쇠뇌 기술자를 내놓으라고 했습니다. 신라 입장에서는 어쩔 수 없이 기술자를 당나라로 파견해야 했지요. 신라는 쇠뇌를 만드는 기술자(노사)인 구진천을 사신과 함께 당나라로 보냈습니다. 중국으로 건너간 구진천은 황제의 명령을 받아 쇠뇌를 만들었지요. 그런데 이상한 건 그 쇠뇌가 형편없었다는 것입니다. 신라를 협박하다시피 해서 데려간 기술자가 직접 만든 쇠뇌인데, 1천 보를 날아가기는커녕 고작 30보 날아갔다고 해요. 황제 입장에서는 몹시 어이가 없었을 것입니다. 화가 난 황제는 구진천을 불러서 물어봤어요. "듣자하니 너희 나라에서 만든 쇠뇌는 1천 보를 간다고 하던데, 지금은 겨우 30보만 날아가는구나. 대체 어찌된 일이냐?" 그러자 구진천은 이렇게 대답했다고 해요. "재료가 불량해서 그렇습니다. 만약 신라에서 재료를 가져온다면 잘 만들 수 있을 것입니다." 황제는 결국 신라로 다시 사신을 보내 쇠뇌를 만들 재료인 나무를 바치라고 요구했습니다. 이번에도 신라는 어쩔 수 없이 당나라에 나무를 바쳤고, 황제는 구진천을 다시 재촉했어요. 구진천이 신라의 목재를 이용해 다시 만든 쇠뇌는 이전에 비해서 강해지긴 했지만, 여전히 형편없는 수준이었습니다. 이번에 만든 쇠뇌도 고작 60보 날아갔거든요. 황제는 다시 화를 내며 구진천에게 대체 어찌된 일이냐고 물어봤습니다. 그러나 구진천은 여전히 모르쇠로 일관했어요. 화를 내는 황제에게 구진천은 이렇게 말했습니다. "신 또한 그 이유를 모르겠습니다. 아마 나무가 바다를 건너오는 동안 습기를 머금어 그런 것 같습니다." 화가 난 황제는 구진천이 고의로 만들지 않고 있다고 생각해 엄한 벌을 받고 싶지 않으면 어서 만들라고 위협했다고 해요. 하늘 아래 가장 높은 사람이라는 황제가 일개 쇠뇌 장인을 직접 협박한 것입니다. 그러나 구진천은 끝내 쇠뇌 기술을 유출하지 않았습니다.

비록 기록에 나오진 않았지만 구진천이 당나라로 가기 전에 문무왕과 교감이 있었을 것입니다. 당나라의 움직임이 심상치 않다는 것은 이미 다들 아는 상황이었으니까요. 문무왕이 먼저 당나라에게 기술을 넘기지 말라고 당부했을 수도 있고, 혹은 구진천이 기술을 넘기지 않을 테니 걱정하지 마시라고 했을 지도 모르겠습니다. 확실한 것은 구진천이 당나라를 위해 쇠뇌를 만들어주지 않았다는 것이지요. 삼국사기에 나온 기록은 황제가 협박했지만 끝내 구진천이 쇠뇌를 만들어주지 않았다는 내용이 끝이라 이후 구진천이 어떻게 되었는지는 알 수 없습니다. 고이 신라로 돌아왔을 것 같지는 않습니다. 황제가 직접 내린 명령을 거부한 사람이었으니까요. 아마도 황제의 보복을 받지 않았을까요? 그렇게 구진천은 비록 역사 속으로 사라졌지만, 그의 희생이 헛된 것은 아니었습니다. 670년 신라가 고구려 부흥군과 손잡고 요동의 당나라군을 공격하면서 나당전쟁이 시작되었습니다. 6년에 걸친 전쟁 끝에 신라는 매소성과 기벌포에서 당나라 군대를 물리치고 삼국통일을 완성할 수 있었어요. 신라는 비록 삼국을 통일하는 과정에서 당나라의 힘을 빌리긴 했지만, 끝내 나당전쟁을 통해 당나라를 몰아내고 독립성을 지켜냈습니다. 그리고 이 나당전쟁에서 신라의 명품 쇠뇌가 빛을 발했지요. 당나라를 물리친 신라의 부대에는 곳곳에 쇠뇌를 다루는 병사들이 포진해있었습니다. 구진천이 황제의 위협에 굴하지 않고 지켜낸 신라의 쇠뇌 기술은 당나라를 몰아내는 첨단 무기로 톡톡히 활약한 것이지요.

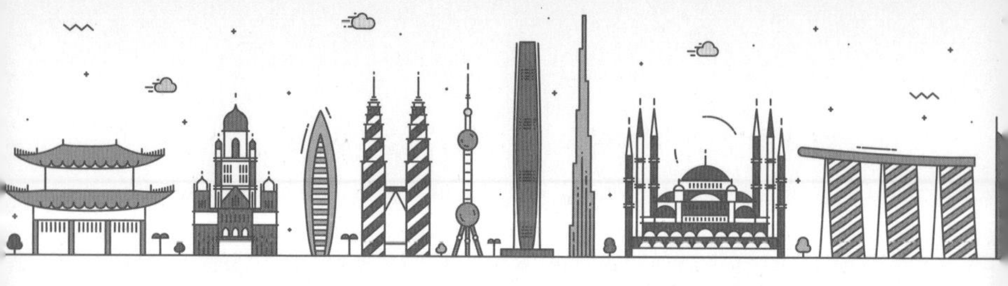

가장 과학적인 글자, '한글'

혹시 〈혹성탈출〉이라는 영화를 보셨나요? 침팬지, 오랑우탄 등 유인원들이 약물로 지능이 발달하면서 발생하는 갈등을 다룬 영화입니다. 영화를 보면 주인공 침팬지인 '시저'가 다른 유인원들로부터 존경과 두려움의 대상이 되는 순간이 있습니다. 바로 "안 돼!"라는 말을 한 순간이지요. 시저가 말을 한 순간, 다른 유인원들은 물론 함께 있던 인간도 경악하는 표정을 짓습니다. 말이란 오직 인간만이 할 수 있는 '초능력'이기 때문입니다. 물론 동물들도 울음소리를 통해 어느 정도의 의사소통을 할 수는 있지만, 인간의 언어만큼 정교한 의사를 전달하는 것은 어렵습니다. 언어를 통해 인간은 보다 고등한 지식활동이 가능하게 되었고 문화도 창조하게 되었습니다. 그러나 언어만으로는 문화를 다른 지역으로 전파하거나 다음 세대에게 전달하는 것에 한계가 있습니다. 전파하고 전달하는 과정에서 내용이 바뀔 수 있기 때문이지요. 그래서 인류는 '문자'를 발명했습니다. 문자의 발명은 인류가 보다 거대한 공동체를 만드는 데 큰 공을 세웠습니다. 역사학자들이 문자의 발명을 기준으로 선사 시대와 역사 시대를 구분하는 이유도 거기에 있습니다. 이렇게 중요한 언어와 문자이지만, 자신만의 고유한 문자를 가진 민족은 많지 않습니다. 게다가 우리 민족은 오직 한국어만을 위한 전용 문자인 한글을 가지고 있으니 우리에게는 이보다 큰 행복이 없을 것입니다. 그런데 우리는 한글이 과학적이고 독창적인 문자라고 늘 얘기하는데, 그렇다면 한글의 어떤 점이 과학적이고 독창적인 것일까요? 그리고 우리는 그것을 어떻게 알게 되었을까요?

한글이 과학적이라고 할 때 가장 먼저 생각나는 특징은 소리에 형태를 부여했다는 점입니다. 무슨 뜻인지 잘 이

해가 안 가지요? 예를 들어봅시다. [가]라는 소리를 한글로 표현하면 '가'입니다. 영어로는 'ga'라고 표현하고, 일본어로는 'が'라고 쓰지요. 모두 같은 소리입니다. 그러나 그 글자가 왜 그런 소리를 내는 걸까요? 'ga'와 'が'를 요리조리 뜯어보아도 그 이유를 추측하기는 어렵습니다. 그러나 한글은 [가]라는 소리가 '가'와 대응하는 데 분명한 이유가 있습니다. 『훈민정음』에서는 그 이유를 이렇게 설명하고 있습니다. 'ㄱ은 혀뿌리가 목구멍을 닫는 모양을 본떴다.' 정말 그럴까요? 한 번 소리 내서 읽어보세요. 혀의 끝부분은 아랫니의 뒤쪽에 닿고 뿌리쪽은 입천장에 닿는 것이 느껴지나요? 'ㄱ'은 바로 그 모습을 표현한 글자입니다. 'ㄱ'뿐만 아니라 다른 자음도 마찬가지이지요. 한글은 소리가 날 때 발음기관의 모습을 본떠 만든 글자입니다. 그래서 발음하면서 그 모습을 곰곰이 생각해보면 누구나 쉽게 배울 수 있다는 것이 한글의 장점입니다. 세종대왕의 명으로 한글의 창제 원리와 활용법을 설명한 『훈민정음 해례본』이라는 책을 쓴 정인지는 "지혜로운 자는 아침나절이 되기 전에 이를 이해하고, 어리석은 사람도 열흘 안에 배울 수 있다."라고 했지요.

이렇게 만들어진 한글은 한국어를 표현하기 위한 최적

의 문자라고 할 수 있습니다. TV를 보면 일본어를 우스꽝스럽게 흉내내는 사람들이 많이 나옵니다. "~했스므니다."라고 하는 사람들 본 적 있지요? 이것은 일본어가 모음으로 끝나는 경우가 많은 개음절 언어라 자음 받침으로 끝나는 말을 잘 발음하지 못하는 것을 흉내내는 것입니다. 만일 우리말을 일본의 문자로 표현한다면 우리말의 받침이 있는 말들을 표현하기 어려웠겠지요. 그렇다면 중국의 문자인 한자는 어떨까요? 한글이 소리를 기록하는 '표음문자'인 반면 한자는 뜻을 기록하는 '표의문자'입니다. 게다가 한자는 한글과 소리를 표현하는 구조가 다릅니다. 한글은 한 글자의 소리를 '첫소리(초성)+중간소리(중성)+끝소리(종성)'로 분석하고 표현하는 반면, 중국어와 한자는 '첫소리(성모)+나머지소리(운모)'로 분석하고 표현합니다. 예를 들어 한글의 '한'이라는 글자를 분석해보자면, 한글에서는 'ㅎ+ㅏ+ㄴ'이 됩니다. 한자에서는 'ㅎ+ㅏㄴ'의 구조가 되고요. 소리를 세 부분으로 나눈 덕에 한글은 첫소리에 사용했던 글자를 끝소리에 다시 쓸 수 있게 되었습니다. 받침을 많이 쓰는 한국어의 특성상 한자로 우리말을 기록했다면 뜻과 관계없이 소리만 빌려 쓴다 했을지라도 수없이 많은 글자들을 필요로 했을 것입니다. 소리를 세 부분으로 나누는 것, 이것은 그 전까지 존재하지 않았던 표기 방법이고, 그래서 한글은 한국어를 위한 최적의 문자임과 동시에 독창적인 것입니다. 한글이 아니었다면 오늘날 우리가 쓰는 한국어도 많은 부분이 달랐을 것입니다.

『훈민정음 해례본』이라는 책에 한글의 창제 원리와 활용법이 담겨있다는 이야기는 앞에서 했습니다. 만일 이 책이 없었다면 우리는 한글을 어떻게 만들었는지 알지 못했을 거예요. 이 책이 없었다면, 누군가 한글이 인간의 발음기관을 본떠 만들었다고 하면 과장이 너무 심하다고 했을 것입니다. 실제로 이 책이 발견되기 전까지 한글 모습의 유래는 몽골의 파스파 문자라는 문자를 본떴다거나, 창호지에 붙은 문살의 모습을 본떴다는 주장 등 의견이 분분했습니다. 사실 네모, 동그라미, 뾰족한 모양 등은 어디에나 있는 모습이라 여러 문자들의 모습에 비슷한 요소들이 있는 것은 당연한 일이고, 그래서 귀에 걸면 귀걸이 코에 걸면 코걸이처럼 주장해도 부정하기 힘들었습니다. 그러던 와중에 『훈민정음 해례본』이 발견되고 이를 연구하면서 한글이 얼마나 독창적이면서도 과학적인 문자인

지 밝혀진 것이지요.

이 책은 일제강점기에 발견되어 하마터면 세상의 빛을 보지 못할 뻔했습니다. 그런 이 책을 구입해 우리에게 한글의 이모저모를 알게 해준 분은 간송 전형필 선생님입니다. 일제강점기에 손꼽히는 부호였던 간송 선생님은 자신의 재산을 아낌없이 투자해 일본으로 빼돌려지는 우리 문화재를 보호하려고 노력한 분이십니다. 그런 간송 선생님에게 김태준이라는 사람이 『훈민정음 해례본』을 팔려고 가지고 왔고, 애초에 천 원을 요구한 김태준에게 간송 선생님은 이런 귀한 물건은 정당한 값을 줘야한다며 만 원을 지불했다고 해요. 만 원은 당시 좋은 기와집 열 채 값이었습니다. 오늘날로 치면 강남의 좋은 아파트 열 채 값을 주고 산 것이지요. 그뿐만 아니라 혹시라도 일본이 이 책을 파괴하거나 빼앗아 갈까 봐 해방이 될 때까지 노심초사 비밀리에 지켰으며, 6·25 전쟁이 났을 때는 피란길에도 품에서 떼어놓지 않고 소중히 보관하셨다고 해요. 간송 선생님이 아니었다면 우리는 여전히 한글이 얼마나 훌륭한 문자인지 알지 못했을 것입니다.

한글과 한국어는 분리해서 생각해야 합니다. 한국어는 우리가 사용하는 '말'이고, 한글은 그 말을 표기하기 위한

'문자'이지요. 그러나 한글이 없었다면 한국어도 오늘의 모습과는 아주 많이 달랐을 것이라는 점에서, 둘은 분리해서 생각해야 하지만 동시에 운명공동체로 생각해야 할 것입니다. 10월 9일 한글날, 한글을 만든 세종대왕과 그 진정한 의미를 알게 해준 간송 선생님께 감사하는 마음을 가져 봅시다.

2016년 한 학술대회에서 한글이 몽골의 파스파 문자를 참고했다는 발표가 있었습니다. 일부 언론에서는 이를 두고 몽골의 파스파 문자가 한글의 뿌리라는 자극적인 제목의 기사를 내보내기도 했지요. 물론 실제 발표 내용은 기사 제목들처럼 자극적인 내용은 아니고, 한글이 파스파 문자의 영향을 받았으며 백성을 가르치기 보다는 한자음을 정확히 표기하기 위한 발음기호의 목적으로 만들어졌다는 내용이었습니다. 그런데 문득 궁금합니다. 한글은 정말 파스파 문자의 영향을 받아 만든 문자일까요? 그리고 한글을 만든 목적은 무엇일까요?

표음문자는 기원전 20세기 전반에 오늘날의 시리아·팔레스타인 지역에서 시작해 여러 지역으로 확산되었습니다. 인도로 전파되어 인도에서 여러 가지 문자가 만들어졌고, 그 일파로부터 티베트 문자가 만들어졌습니다. 바로 이 티베트 문자를 참고하여 만든 문자가 파스파 문자입니다. 파스파 문자는 중국 원나라 쿠빌라이칸 때 티베트 승려 파스파가 황제의 명을 받아 1296년에 만들었어요. 일부 사람들은 파스파 문자 가운데 몇 글자가 한글과 모습이 비슷하다는 점을 들어 한글이 파스파 문자를 모방했다고 주장하기도 합니다. 사실 한글이 다른 문자를 모방한 글자라는 게 처음 나온 주장은 아닙니다. 세종이 한글을 만든 뒤 반포했다는 『훈민정음』의 서문을 쓴 정인지가 "물건의 형상을 본떠서 글자는 옛 글자를 모방하고"라고 썼기 때문이죠. 그러나 문제는 이 옛 글자가 무엇인지는 알지 못했다는 데 있습니다. 그래서 조선시대의 학자들도 한글이 인도의 범어를 모방했다거나 몽골의 파스파 문자를 모방했다고 주장하기도 했습니다. 일제강점기에는 창호지에 붙은 문살의 모습을 본떴다는 주장까지 나왔지요. 사실 한글 모습의 기본을 이루는 네모, 동그라미, 뾰족한 모양 등은 어디에나 있는 모습이라 다른 문자들에 비슷한 요소가 있는 것은 당연한 일이고, 그래서 귀에 걸면 귀걸이 코에 걸면 코걸이처럼 어떻게 주장해도 부정하기 힘들었습니다. 그러던 중 『훈민정음 해례본』이라는 책이 발견되면서 이 모든 논란은 마침표를 찍게 되었습니다. 한글을 만든 세종이 지시해 만든 이 책에는 훈민정음이 사람의 혀와 이, 목구멍 등 발음기관의 모양을 본떠서 만들었다는 내용이 기록되어 있거든요. 물론 그 과정에서 다른 나라의 다양한 문자들을 참고했을 수도 있습니다. 그러나 만든 사람이 직접 그 제작 원리를 풀어 설명하고 있으니 어떤 글자에서 어느 정도 영향을 받았는지는 그저 상상의 영역일 뿐이지요.

게다가 하나의 글자를 세 부분으로 구분하고 자음과 모음을 조합해 표기하는 한글의 표기 방식은 다른 문자들에서는 찾아볼 수 없습니다. 예를 들어볼까요? '한'이라는 글자를 분석해보면 'ㅎ', 'ㅏ', 'ㄴ'으로 구분할 수 있습니다. 이 세 부분을 따로 쓰는 것이 아니라 하나의 글자로 조합해서 표현하는 것이 한글만의 특징이지요. 그래서 한글이 다른 문자를 모방했다는 것은 설득력이 떨어지는 것입니다. 물론 세종이 한글을 만들 당시 여러 문자를 두루 연구했다고 하니 기존에 있던 문자인 파스파 문자나 범어도 살펴봤을 가능성은 충분합니다. 그렇지만 한글은 거기서 멈추는 것이 아니라 더 나아간 문자라는 것이지요.

한편 한글이 한자음을 표기하려는 목적을 가진 것도 사

실입니다. 다만, 그것만을 위해 만들어지지는 않았을 것입니다. 한글을 창제한 목적이 다양했다는 것이지요. 세종은 신분별로 다양한 목적으로 활용할 것을 생각하며 한글을 창제했을 것입니다. 우선 글을 공부하는 학자들인 양반들의 경우에는 한자음이 통일되지 않아 공부하는 데 어려움이 있었을 것입니다. 따라서 한자음을 교정하고 통일하기 위해 한글을 활용해 『동국정운』이라는 책을 편찬했지요. 그런데 조선왕조실록을 보면 유학자들이 중국의 한자와 다른 문자라는 이유로 한글의 창제와 반포를 반대한 내용이 들어있습니다. 그저 한자음을 표시하기 위한 문자라면 이렇듯 반대가 심하지는 않았을 것입니다. 한글 창제는 한자음 표시 이외에 다른 목적도 있었다는 반증 아닐까요?

백성들에게는 한글이 어떻게 사용되길 바랐을까요? 한글 창제가 부당하다는 주장에 대해 세종은 "내가 만일 언문으로 『삼강행실』을 번역하여 민간에 반포하면 어리석은 남녀가 모두 쉽게 깨달아서 충신·효자·열녀가 반드시 무리로 나올 것이다."라고 반박했지요. 세종은 백성들이 글을 몰라 성리학을 배우지 못해 도덕적인 세상이 이루어지지 못한 것이라고 생각했습니다. 실제로 세종 10년 진주에 살던 김화라는 사람이 아버지를 죽이는 사건이 발생하자 패륜을 미연에 방지하기 위해 『효행록』이라는 책을 백성들에게 보급하고, 글을 모르는 백성을 위해 그림으로 설명한 『삼강행실도』라는 책도 반포했습니다. 그러나 그것도 부족하다고 생각해 백성들로 하여금 성리학의 기본 도리를 보고 배울 수 있도록 하려는 목적에서 한글을 창제한 것이지요.

세종의 생각은 이게 다가 아니었습니다. 세종은 법전을 개정하는 데 있어서도 백성들을 생각했습니다. 당시 지배층은 백성들이 쓸데없이 법에 대해 알면 법을 악용할 수 있다고 생각해 법을 잘 설명하지 않는 경우도 많았다고 해요. 그러나 세종은 백성들에게도 큰 죄의 조항만이라도 가르쳐서 백성이 미리 알고 죄를 짓지 않도록 하는 게 옳다고 생각했습니다. 이를 위해 국가에서 시행하는 시험에서도 한글을 시험 보도록 하기도 했지요. 이처럼 한글을 창제한 것은 백성들만을 위해서도, 한자음을 정확히 표현하기 위해서만도 아닌, 여러 가지 종합적인 목적을 가진 일이었습니다.

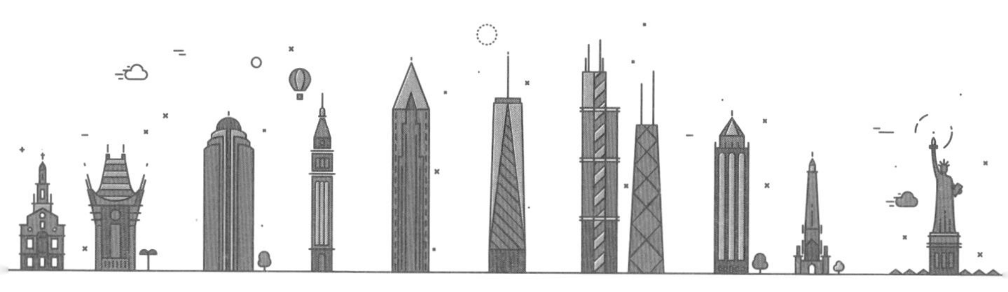

조선의 외교원칙과 조공 책봉 관계

몇 년 전 미국의 트럼프 대통령은 중국의 시진핑 국가주석을 만난 뒤 "한국은 역사적으로 중국의 일부였다(Korea actually used to be a part of China)."라는 말을 했습니다. 그 얘기를 어디서 들었느냐는 물음에 트럼프 대통령은 시진핑 주석으로부터 들었다고 대답했지요. 이에 많은 사람들이 황당함을 넘어서 분노했습니다. 그런데 이러한 트럼프 대통령의 말을 두고 한 역사학 전공자는 트럼프 대통령이 시진핑 주석의 말을 잘못 이해하고 말한 것일 가능성을 제기했습니다. 동아시아의 전통적 국제관계인 사대외교, 조공과 책봉 관계를 제대로 이해하지 못해 나온 말일 것이라는 이야기지요. 그런데 사대와 조공·책봉에 대해서는 우리나라 사람들 역시 다소 오해하고 있는 점들이 있어 혼란을 가중시키곤 합니다. 그렇다면 사대외교란 무엇일까요? 그리고 조공과 책봉이란 무엇이기에 미국 사람인 트럼프 대통령이 이해하지 못한 것일까요?

중국 고대에 '주'라는 나라가 있었습니다. '상'나라를 공격해 천자의 자리에 오른 '주'나라의 왕은 '상'나라와의 전쟁 과정에서 전공을 세운 공신과, 자신의 피붙이들에게 '주'나라의 영토를 조금씩 떼어주고 관작을 부여해주었지요. 이 제도를 봉건제라고 합니다. 영토와 관작을 받은 신하들을 제후라고 불렀는데요, 제후들은 정기적으로 주나라의 천자를 만나야 했고, 때가 되면 천자에게 조공을 바쳐야 했습니다. 오늘날 우리 사회에서는 흔히 연예인이나 운동선수의 팬들이 자신이 좋아하는 연예인이나 운동선수에게 보내는 선물을 조공이라고 부르기도 하는데, 조공이라는 말과 개념은 이처럼 고대 주나라의 정치 제도에서 유래한 말이랍니다.

이렇게 주나라 천자와 제후 사이의 관계에 형성된 조공과 책봉은 이후 중국이 통일되고 강력한 중앙집권 국가로 성장해 주변 나라들에 비해 강성해지면서 중국과 주변 나라들의 관계에도 적용되기 시작했습니다. 유방이 진나라를 무너뜨리고 세운 한나라의 천자들은 하늘로부터 지상을 다스리라는 명을 받았다고 주장하며 주변 나라를 공격하였으며, 그 과정에서 주변 나라들이 조공을 바치면 그 나라의 우두머리에게 관작을 수여하는 책봉을 통해 외교 관계를 형성하기도 했습니다. 이러다 보니 시진핑 주석으로부터 조공과 책봉 이야기를 듣고 트럼프 대통령이 '아하, 그렇다면 중국 주변나라들은 중국의 지배를 받았구나'라고 오해를 했을 가능성이 있다는 것이지요. 그러나 사실 조공과 책봉 관계를 찬찬히 들여다보면, 조공과 책봉이라는 관계는 지배와 복종의 관계와 조금 다르다는 것을 알 수 있답니다.

초나라와의 싸움에서 승리한 한나라에게 가장 큰 적은 흉노족이었습니다. 그들은 춘추 전국 시대에 중국의 북쪽에 등장한 유목민족이었지요. 이 무렵에는 묵특선우(선우는 흉노의 지배자)라는 지도자 아래서 거대한 유목 제국을 건설한 상태였습니다. 한고조는 흉노를 공격하기 위해 30만이 넘는 대군을 이끌고 기세 좋게 북방으로 향했습니다. 묵특선우는 거짓으로 패배해 달아나는 척하면서 고조와 한나라 군사들을 유인했습니다. 한나라의 군사들은 흉노군의 유인책인 줄도 모르고 기세 좋게 추격해 들어갔지요. 추격의 선봉에 선 고조와 추격대가 본대로부터 멀리 떨어지자 묵특선우는 숨겨뒀던 군대를 동원해 거꾸로 고조를 포위했습니다. 평성이라는 성으로 피신하긴 했지만, 고조는 흉노의 포위망에 갇혀 이레 동안이나 꼼짝도 할 수 없었습니다. 한겨울에 보급도 끊겨 까딱하다간 전군이 몰살당하고 고조 본인도 생사를 장담할 수 없는 상황이었지요. 이런 상황에서 고조는 묵특선우의 연지(흉노의 왕비)에게 선물을 보내 묵특선우에게 포위망을 풀라고 얘기할 것을 부탁합니다. 선물을 받은 연지가 묵특선우를 설득하자, 마침 다른 문제를 고민하던 묵특선우는 포위망의 한쪽을 열어줘 고조가 도망갈 수 있도록 '배려'해주었습니다. 하늘의 아들이라고 큰소리치던 중국 황제의 입장에서는 굴욕적인 순간이었죠. 중국의 역사서에서는 이 사건을 '평성의 치(욕)'이라고 표현하고 있습니다. 이후 한나라는 흉노와 화친조약을 맺긴 했지만, 그 결과 흉노와 형제

관계를 맺었으며, 한나라 공주를 흉노의 선우에게 시집보냈고, 매년 흉노에게 옷감과 음식을 보내야 했습니다. 실질적으로 한나라가 흉노에 조공을 바치게 된 것이지요.

이처럼 초기 한나라와 흉노가 맺었던 '화친' 관계는 기원전 1세기에 급변하게 되었습니다. 흉노에 내분이 발생해 흉노를 탈출한 호한야 선우가 스스로 한나라의 신하를 자처하며 황제를 '배알하러' 온 것이지요. 당시 황제였던 선제와 신하들은 처음 발생한 이 상황을 어떻게 처리해야 할지 고민이 많았습니다. 결국 호한야 선우를 만날 때 그를 황제보다는 낮지만 다른 제후들보다는 높이 대우해주고, 황제를 배알할 때도 이름을 직접 부르지 않는 등 최고의 예우를 해주기로 결정했어요. 그리고 호한야 선우가 조공을 바치자 그에 대한 답례로 후한 선물을 하사했지요. 이를 '회사'라고 합니다. 이 사건을 통해 흉노와 한나라의 관계는 화친 관계에서 책봉-조공 관계로 변화했습니다. 그러나 이 관계는 사실 흉노에게 유리한 관계였습니다. 이듬해 다시 호한야 선우가 조공품을 가지고 황제를 배알하러 오자 황제는 황금 20근과 현금 20만 전, 비단 8천 필, 명주 솜 6천 근을 하사했어요. 호한야 선우 입장에서는 '황제에게 조공을 바치면 여러 가지 경제적 이득이 생기는구나!'라고 생각할 상황이었죠. 결국 그는 그 이듬해에도 또 황제를 배알하러 왔고, 황제는 이번엔 이전에 하사한 물품에 옷 110벌, 비단 9천 필, 명주 솜 8천 근을 더 보태주었습니다. 이 물자를 바탕으로 힘을 키운 호한야 선우는 흉노의 내분을 깨끗하게 정리했지요. 그 뒤에는 어떻게 되었을까요? 네, 호한야 선우는 몇 년 뒤 다시 황제를 배알하러 왔습니다. 이번에는 지난번에 받은 양의 두 배를 받아갔어요. 그러고는 몇 년 뒤 이번에는 아들을 보내 다시 또 황제를 배알하고 싶다고 청하였습니다. 이에 한나라의 신하들은 격하게 반대해서 결국 황제를 배알하지 못하고 돌아갔다고 합니다.

호한야 선우와 한나라 황제 사이의 일들을 통해서 알 수 있듯이, 중국과 주변국 사이의 조공과 책봉은 우리의 일반적 생각과는 조금 다릅니다. 중국의 주변 국가들이 중국의 황제를 섬기고 책봉을 받은 뒤 조공을 바치면, 황제는 체면이 있기 때문에 조공품 이상의 물품들을 회사품이라는 명목으로 돌려보냈지요. 또한 책봉을 받았다고는 하지만 이것은 일종의 명분이기 때문에, 실제로 중국이 책봉을 받은 나라들의 내정에 간섭할 수는 없었답니다. 게다가 중국으로부터 책봉을 받으면 주변의 또 다른 나라들과 관계를 맺을 때 도움이 되기도 했지요. 말하자면 새로 전학 온 학생이, 기존의 학생 중 한 명과 친분 관계를 바탕으로 새로 친구들을 쉽게 사귀는 것과 같은 이치이지요. 흉노를 예로 들긴 했지만 이러한 조공과 책봉 관계는 동아시아 사회의 보편적인 외교 원칙이었습니다. 중국 오대십국 시기 후진의 황제 석경당은 거란족의 태종으로부터 책봉을 받기도 했습니다. 중국의 황제가 이민족으로부터 책봉을 받은 예도 있는 것이지요. 따라서 전근대에 우리나라와 중국이 조공과 책봉을 바탕으로 한 사대관계를 맺었다 해서 우리나라가 중국의 일부라고 주장하는 것은 이치에 맞지 않습니다. 조선말, 조선이 쇄국정책으로 서양 열강들과 외교관계를 맺지 않자 열강들은 청나라에게 조선은 청의 속방이니 문을 열게 해달라고 요구했지만, 청나라가 사대관계의 속방이라도 내정에 간섭할 수 없으니 알아서 해결하라고 거절한 데서도 알 수 있는 것이지요.

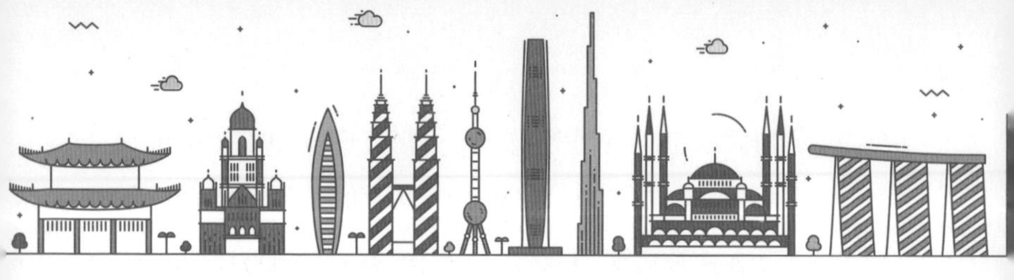

'일대일로', 비단길의 역할 계승할까?

2017년 중국에서는 일대일로 국제협력 정상포럼이 개최되었습니다. 시진핑 중국 주석은 60여 개 국가 및 국제기구에 일대일로와 관련된 무역협력 제의를 할 것이며, 실크로드 기금에 1천억 위안(한화 16조 3천600억 원)의 자금을 새롭게 투입할 것이라고 밝혔습니다. 이뿐만 아니라 아시아인프라투자은행과 실크로드펀드에 막대한 자금을 투자했지요. 회의의 개막 연설에서 시 주석은 "비단길은 인류 문명의 귀중한 유산이며 역사는 최고의 스승"이라며, "비단길은 화평이며 개방이자 포용"이라고 강조하는 등, 중국은 과거 비단길에 일대일로를 비견하고 있습니다. 그렇다면 비단길은 무엇이기에 21세기 현대 세계의 무역을 강조하는 자리에 소환된 것일까요?

비단길이 처음 개통된 것은 중국 한나라의 무제 때입니다. 건국 초부터 흉노와 갈등 관계에 있던 한나라는, 이 무렵 포로로 잡은 흉노인을 심문한 결과 월지라는 나라가 흉노에 의해 살던 지역을 빼앗겼으며, 흉노인들은 그 국왕을 죽여 머리로 그릇을 만들었다는 정보를 획득했어요. 이에 무제는 흉노와 원한 관계에 있는 월지와 군사동맹을 맺고 흉노를 공격할 계획을 세웠습니다. 그러나 월지의 정확한 위치를 잘 모르는 데다가, 월지에 도달하려면 흉노의 영역을 지나야 했기 때문에 다들 망설였지요. 이때 장건이라는 사람이 용감하게 월지로 파견되는 사절에 자원했습니다. 장건은 흉노 출신의 노예인 감보와 100여 명의 병력을 거느리고 길을 떠났습니다. 그러나 불행하게도 월지로 가던 장건은 흉노 군사에게 사로잡히고 말았습니다. 장건이 월지로 파견된 사신이라는 것을 알게 된 흉노인들은 장건을 사신으로 파견한 한나라의 속셈도 눈치

챘어요. 그러나 무슨 이유에서인지 선우는 장건을 죽이지 않고 다만 흉노 지역에 억류해둘 뿐이었습니다. 게다가 흉노 여자를 아내로 삼게 해 장건이 흉노에서 가정을 꾸리도록 하였지요. 이렇게 장건은 10여 년을 흉노에서 머무르게 되었습니다. 다른 사람들이 보기에는 장건이 완전히 흉노인들과 동화되어 흉노에 정착한 것으로 보였지요. 그러나 장건은 황제와 한 약속을 잊지 않았어요. 기회만 노리던 장건은 이윽고 감시가 느슨해진 틈을 타 흉노를 탈출했습니다. 자신의 아내와 자식, 감보까지 모두 데리고 말이지요. 그들은 서쪽으로 수십 일을 여행한 끝에 파미르 고원을 넘어 월지에 당도했어요. 흉노에 의해 쫓겨났던 월지는 새로 정착한 곳에서 이번엔 오손의 공격을 받아 원래 정착했던 지역에서 더 서쪽으로 이주한 상태였습니다. 그러나 그들이 정착한 사마르칸트 지역은 땅이 비옥하고 주변에 강한 부족도 없어 월지 사람들은 이미 그곳에 만족한 상태였어요. 그들은 이미 흉노에 보복할 마음 따위는 사라진 지 오래라며 장건의 제안을 거절했지요. 어쩔 수 없이 장건은 월지와의 군사동맹을 포기하고 한나라로 귀환길에 올랐습니다. 그러나 흉노와 먼 길을 택해 남쪽으로 돌아갔음에도 불구하고, 불행하게도 이번에도 다시 흉노에 붙잡혀 포로로 억류되었지요. 그러나 이번 억류는 첫 번째 억류보다 짧았습니다. 억류된 지 1년 만에 흉노의 선우가 죽고 흉노인들끼리 내분이 발생해 흉노가 혼란스러워진 것이지요. 이 혼란을 틈타 장건은 다시 가족과 감보를 데리고 탈출하는 데 성공했습니다. 그러고는 한나라의 수도인 장안으로 돌아오는 데까지 성공하였지요. 처음 장안을 출발한 지 무려 13년 만에 돌아온 것입니다. 귀국한 장건은 무제에게 중앙아시아와 서아시아의 여러 나라들에 대해 자세하게 보고하였습니다. 장건의 보고를 들은 무제는 서역의 여러 나라들(오손, 대완, 강거, 대월지, 대하, 파르티아 등)과 외교관계를 맺고 교역을 시작했어요. 장건에 의해 개척된 무역로를 통한 국제 교류는 시간이 지날수록 더욱 번창했어요. 서아시아를 넘어 로마까지도 중국과 교역하기 시작했지요. 이 길이 비단길로 불리게 된 것은 이 길을 통해 많은 문물이 오고 갔지만, 그중에도 특히 중국의 비단이 서역으로 많이 수출되었기 때문입니다. 서아시아 각국과 로마의 귀족들은 중국의 비단에 홀딱 빠져들었어요. 기원후 1세기에 로마에서 활동한 플리니우스는 로마가 비단 수입을 위해 매년 엄청난 돈을 낭비하고 있다고 비판했고, 황제 아우렐리우스는 재정 상황을 호전시키기 위해 비단 수입을 규제하고 황후에게도 비단옷 착용을 금지시킬 정도였습니다. 이 교역로를 통해 실로 어마어마한 부가 오고 간 것이지요.

비단길은 중국인 장건으로부터 시작했지만, 그 열매는 중국인들만의 것이 아니었습니다. 때로 중국이 서역과 직접 교역하기 위해 사신을 파견하기도 했지만, 중앙아시아의 국가들은 중개무역으로 획득한 부가 줄어들 것을 염려해 사신을 방해하기도 하였지요. 후한 시대 반초라는 사람이 부하를 로마로 파견했을 때도 시리아까지만 갔다가 돌아올 수밖에 없었습니다. 로마와 중국이 직접 무역하는 것을 우려한 파르티아 상인들이 이를 방해했을 가능성이 커요. 한편 중국 왕조가 약화된 경우 그 틈을 타 중앙아시아의 나라들이 비단길을 차지해 부를 축적하기도 했어요. 서진이 영가의 난으로 멸망할 무렵 인도 북부도 에프탈인과 키다라인들의 공격으로 혼란스러워졌습니다. 이에 중앙아시아에서 북인도로 연결되는 교역로가 혼란스러워졌지요. 이로 인해 이 지역 상인들의 활동이 위축되자, 이번에는 이란계의 소그드 상인들이 성장했습니다. 이들은 원활한 무역을 위해 비단길 주변은 물론이고 중국 북부의 주요 도시들에도 근거지를 설치했어요. 이를 바탕으로 세력을 키운 소그드인들은 곳곳에 자신들만의 취락을 건설하기도 하였지요. 중국에서 활동하던 소그드인들은 출신 도시마다 독자적인 성을 채택하였는데요, 사마르칸트 출신은 '강'씨 성을, 타쉬켄트 출신은 '석'씨 성을, 부하라 출신은 '안'씨 성을 사용하는 식이었지요. 사마르칸트 지역 출신의 록샨이라는 인물은 출신지가 사마르칸트였기 때문에 강록샨이라는 이름을 썼는데요, 그 어머니가 부하라 지방의 남자와 재혼하자 성을 안씨로 바꾸었습니다. 누구인지 눈치챘나요? 네, 바로 당나라를 뒤흔든 반란의 주인공 안록산이 바로 비단길을 장악한 소그드인 출신입니다. 비단길을 통해 부를 쌓은 소그드인들은 이처럼 중국 등 다른 나라에까지 스며들어 활약했던 것이지요.

한편 비단길은 단순히 무역만 이루어진 곳은 아니었습니다. 이 길을 따라 다양한 문물이 전파되기도 하였어요. 이슬람의 우마이야 왕조가 중앙유라시아로 진출하자, 비단길을 장악하고 활발히 국제 교류를 이어가던 당나라와 충돌하게 된 것은 필연이었습니다. 역사적으로도 유명한 탈라스 전투이지요. 이 전투의 결과 이슬람인들에게 중국인 포로들이 대거 붙잡혔는데, 그들 가운데는 종이를 만드는 제지 기술자들도 있었습니다. 중국에서 서쪽 지방에 만든 제지공장이 사마르칸트에 있었기 때문이지요. 비단길을 통한 교역의 번성으로 사마르칸트 지방에도 제지공장이 들어서 있었던 것입니다. 결국 포로를 통해 이슬람 사람들도 종이 만드는 기술을 익히게 되었고, 그 결과 이슬람을 통해 제지술은 북아프리카 지역과 유럽 지역에까지 퍼지게 되었습니다. 이후 몽골 제국 시기에는 비단길 전체가 몽골 제국에 속하게 되어 더욱 활발한 동서 무역이 펼쳐지게 되었고, 그 결과 나침반과 화약 등까지 유럽에 전래되어 세계의 역사를 바꾸게 되었습니다. 그러나 이후 비단길은 쇠퇴의 길을 걷게 되었어요. 유럽에 나침반이 전래되면서 유럽인들은 비단길보다는 바다를 통한 무역로를 찾게 되었고, 그 결과 육상 무역보다는 해상 무역이 더 빠르게 성장했기 때문이지요. 오늘날 중국이 일대일로를 통해 노리는 것도, 해상 무역의 번성으로 약화된 육상 무역을 다시 부활시키고, 그 길 위에 있는 나라들과의 관계를 더욱 돈독히 하려는 것이랍니다. 그러나 국제 경제가 급속히 경색되고 있는 요즘, 중국으로부터 지원받은 개발자금을 상환해야 하는 많은 개발도상국이 부담을 느끼고 있습니다. 치솟는 물가와 환율, 식량난, 에너지난, 자원난으로 고통받는 상황에서 중국은 부채 조정에 소극적이기 때문이지요. 안 그래도 중국이 제공한 차관으로 사회 인프라를 건설하는 경우 중국 기업이 건설하고 중국인 노동자들을 데려와 현지의 고용 효과나 지역경제 활성화에 도움이 되지 않는다는 주장이 제기되어 오던 차에, 경제 위기 상황에서 부채 조정에 소극적인 중국의 태도는 국제 사회로부터 비판받고 있습니다. 차관을 무기로 삼아 중국 입맛에 맞게 상대국 정부를 길들이려는 것 아니냐는 것이지요. 사실상 21세기판 식민지 침탈과 다름없다는 말까지 나오고 있습니다. 과연 일대일로가 동서를 이어주던 비단길의 역할을 계승할 수 있을지, 아니면 최근 공격적 경향을 보이고 있는 중국의 민족주의를 재확인시켜주는 계기가 될지 귀추가 주목됩니다.

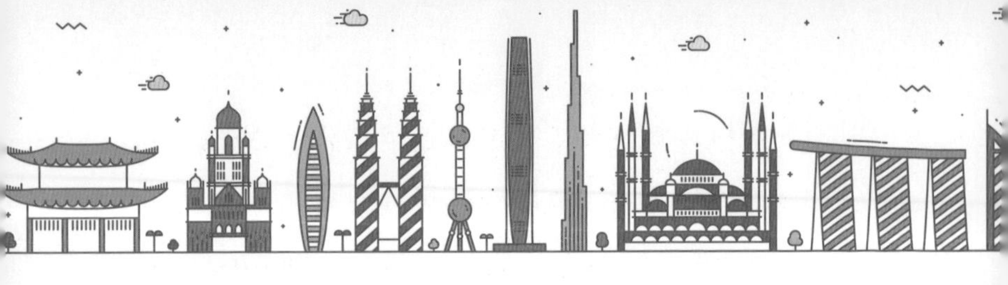

'합종연횡(合從連橫)', 손잡느냐 맞서느냐

선거 때가 되면 여러 후보가 도전장을 내밀면서 후보들 간에 '합종연횡(合從連橫)'이 벌어지고 있다는 뉴스가 많이 나옵니다.

합종연횡은 보통 '약자들이 뭉쳐 강자에 맞서거나, 강자가 약자들을 흩트려 자신에게 맞서지 못하게 하는 외교 전략'을 뜻합니다. 정확하게는 약 2,300년 전 중국에서 등장했던 합종이라는 전략과 연횡이라는 전략을 묶은 말이지요.

기원전 4세기 중국은 일곱 나라로 나뉘어 끊임없이 전쟁을 벌이는 전국시대(戰國時代)였습니다. 일곱 나라 중 중국 서쪽을 차지한 진(秦)나라가 가장 강대하였어요. 법치를 중시하는 상앙이 재상이 되어 단기간에 국력을 크게 키운 덕분이었지요. 중국 동쪽은 연나라를 비롯해 제·초·한·위·조나라로 나누어져 있었습니다. 이 무렵 각 나라를 돌며 자신의 외교 전략을 설득하는 사상가들이 있었는데, 이들을 '종횡가'라고 불렀어요. 종횡가 중에 가장 돋보인 활약을 펼친 주인공이 바로 소진과 장의입니다. 두 사람은 종횡가의 시조인 귀곡자 아래에서 함께 공부한 절친한 사이였지만, 각자 주장하는 외교 전략은 전혀 달랐어요.

소진은 진나라에 대항하여 다른 여섯 나라가 정치·군사 동맹을 맺는 '합종'을 주장했습니다. 약소국이 모두 힘을 합치면 아무리 강대국이라도 선불리 약소국을 공격하지 못한다는 것이지요. 여섯 나라를 설득하기 위해 소진은 연나라로 갔습니다. 연나라 제후를 만난 소진은 "연나라가 진나라의 공격을 받지 않는 이유는 조나라가 남쪽에서 길목을 막고 있기 때문"이라며 "연나라가 조나라를 멀리하면 결국 연나라도 위험해질 것"이라며 합종의 필요성을 논했습니다. 이 말에 설득된 연나라 제후는 소진을 재상으로 삼고 금은보화를 주어 다른 나라를 합종에 끌어들이도록 했어요. 기세등등한 소진은 조나라를 찾아가 "여섯 나라가 합치면 진나라보다 땅은 다섯 배가 크고 병사는 열 배가 많다"며 "진나라의 신하가 되느니 여섯 나라가 뭉치는 게 낫지 않으냐"고 설득했고, 시큰둥하던 조나라도 결국 합종에 참여하게 되었습니다. 소진은 같은 논리로 한·위·제나라를 합종에 끌어들였고, 여섯 나라 중 가장 강대한 초나라는 "합종에 참여하면 초나라가 여섯 나라의 우두머리가 될 수 있다"고 꼬드겼어요.

그렇게 여섯 나라는 진나라에 맞서 강력한 동맹 체제를 이루었습니다. 합종을 이룬 소진은 여섯 나라의 재상을 모두 겸하며 부귀영화와 권세를 누리게 되었지요. 이후 15년간 진나라는 소진의 합종에 가로막혀 동쪽으로 진출하지 못했어요. 하지만 합종은 소진 혼자만의 노력으로 이루어진 건 아니었어요. 소진의 라이벌이자 절친한 친구였던 장의가 결정적인 도움을 주었기에 합종이 완성될 수 있었습니다.

장의는 진나라가 여섯 나라와 제각각 동맹을 이루어 여섯 나라가 서로 힘을 합치지 못하도록 방해하는 '연횡'

을 주장했습니다. 약소국을 하나씩 구슬린 뒤 분열시켜 강대국에 맞서지 못하도록 하는 전략으로, 소진이 주장한 합종과는 반대되는 것이었어요. 즉 합종이 이루어지면 연횡이 될 수 없고, 연횡이 이루어지면 합종이 될 수 없었습니다.

장의가 세상에 나섰을 때 소진은 이미 세 나라의 합종을 이루어 재상이 되어 있었어요. 장의는 출세한 소진의 도움을 받기 위해 그를 찾아갔지만, 어찌 된 일인지 소진은 장의를 무시하고 박대하였어요. 마음이 상한 장의는 "반드시 연횡을 이루어 소진을 무너뜨리겠다"는 결심을 하였답니다. 하지만 장의의 수중에는 정작 진나라로 갈 여비조차 없었어요. 이때 한 상인이 나타나 장의의 사정을 물었고, "연횡을 이루도록 도와주겠다"며 자금을 빌려주었습니다. 덕분에 진나라로 간 장의는 온 힘을 다해 진나라 제후 혜문왕을 설득했고, 마침내 진나라의 재상이 될 수 있었어요. 재상이 된 장의가 상인에게 은혜를 갚으려 하자, 상인은 놀라운 말을 하였습니다.

"사실 저는 소진 나리의 보좌관입니다. 소진 나리께서 일부러 나리를 박대하는 척하며 뒤로는 저에게 나리의 출세를 물심양면으로 도우라고 하셨습니다."

소진은 일부러 장의를 박대해 승부욕을 불태우도록 한 뒤, 보좌관을 통해 장의를 도와 진나라의 재상이 되도록 한 거예요. 그 이유는 합종을 이루기 위해 장의의 도움이 꼭 필요했기 때문입니다. 소진이 여섯 나라를 설득하는 동안 진나라가 전쟁을 일으키면 합종이 무너질 수 있었어요. 이에 소진은 친구 장의가 진나라 재상이 되어 진나라가 전쟁을 일으키지 않도록 도와주길 바랐던 것입니다. 친구의 깊은 뜻에 감복한 장의는 한동안 전쟁을 일으키지 않았고, 그 사이 소진은 다른 세 나라를 설득하여 합종을 이룰 수 있었어요.

진나라가 합종에 가로막힌 지 15년이 지나자 장의는 자신이 꿈꿔온 연횡책을 펼치기 시작했어요. 위나라를 찾아간 장의는 "형제간에도 재물을 두고 다투는데 여러 나라 간의 약속을 믿을 수 있느냐"며 "만약 진나라가 위나라를 공격하면 아무도 도우러 오지 않을 것"이라고 말했습니다. 진나라의 강대한 국력을 바탕으로 위협과 설득을 병행한 것이죠. 이런 장의의 논리에 위나라는 물론 초·한나라도 합종을 포기하고 진나라와 친하게 지내는 연횡으로 돌아섰습니다. 제나라도 "진나라에 맞서 싸워 여러 번이긴 조나라도 수많은 군사와 땅을 잃었을 뿐"이라는 장의의 말에 연횡을 택했고요. 조·연나라도 장의의 협박과 설득에 굴복하면서 마침내 연횡이 완성되었습니다.

연횡이 완성되고 합종이 무너지면서 권세를 잃은 소진은 제나라로 몸을 피했지만, 자신을 시기한 인물에게 암살당하는 비참한 최후를 맞았어요. 장의의 끝도 좋지 않았습니다. 혜문왕이 죽고 무왕이 즉위하자 장의는 재상 자리에서 쫓겨났고, 위나라로 넘어가 재상이 된 뒤 1년 만에 죽고 말았어요. 안타까운 결말이지만 라이벌이자 절친한 두 지략가가 중국 대륙을 쥐락펴락했던 이야기는 '합종연횡'이라는 말로 오늘날까지 전해지고 있습니다.

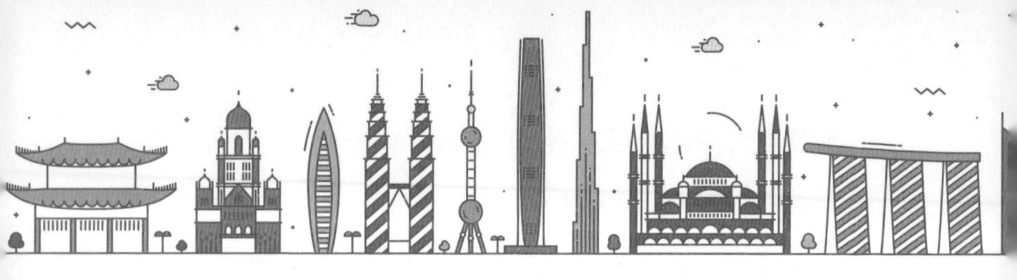

송나라 구법당-신법당의 정책 토론

선거철이 되면 후보들은 TV 토론회에 참석합니다. 민주사회에서는 주권재민의 원칙에 따라 국민에게 권력이 있고, 국민은 그 권력을 선거를 통해 대표자에게 위임합니다. 따라서 국민들에게는 정확한 정보를 바탕으로 후보자들의 자질을 비교하고 검토해 누구에게 권한을 위임할 것인지 결정할 권리와 의무가 있는 것이고, 국가는 국민들에게 선거를 위해 공정하게 정보를 제공할 의무가 있습니다. TV 토론회는 바로 이를 위해 실시하는 것이지요. 그렇다면 후보들은 자신이 어떤 정책을 어떻게 펼칠지 합리적으로 토론할까요? 불행하게도 그렇지만은 않습니다. 정치인들은 때때로 합리적인 정책 토론을 가장하여 상대방을 비방하고 공격하는 데 치중하곤 합니다. 중국 역사에서도 비슷한 모습을 발견할 수 있습니다.

송나라는 긴 중국의 역사에서도 손꼽히는 경제 대국이었습니다. 양쯔강 남쪽이 개발되면서 산업이 발달했지요. 과거제도가 강화되면서 장군과 군인이 아니라 문신 관료에 의해 국가를 통치하는 문치주의도 실시되었습니다. 그러나 관료가 너무 많고 주변 나라와 전쟁을 피하기 위해 많은 선물을 제공해야 했기 때문에 경제 대국임에도 재정의 한계에 다다랐습니다. 이에 국가재정을 회복시킬 방안에 대해 다양한 개혁안들이 나왔는데요, 이러한 개혁안을 '새로운 법'이라는 의미에서 신법이라고 하고, 신법을 주장한 사람들을 '신법당'이라고 합니다. 반면 급격한 개혁은 천하를 혼란에 빠뜨릴 뿐이라며 반대한 사람들은 '옛 법'을 고수하는 사람들이라는 의미에서 '구법당'이라고 하지요. 신법당의 대표는 왕안석이라는 사람이었고 구법당의 대표는 사마광이라는 사람이었습니다.

왕안석은 신법을 통해 국가가 가난한 백성을 구제해야

한다고 생각했어요. 가난을 벗어난 백성이 국가에 세금을 바치면 국가 재정이 건전해진다고 판단했기 때문이었지요. 백성들이 모두 몰락해버리면 세금을 낼 수 있는 사람이 없어져 결국 나라가 망할 것이 뻔했기 때문입니다. 반면 사마광은 현실보다는 원칙을 중요하게 생각한 정치인이었습니다. 사마광은 가난한 것은 게으르기 때문이고, 게을러서 가난해진 사람을 국가가 구제해주면 그 비용을 부자들이 부담해야 한다, 그러는 동안 부자도 가난해지기 때문에 결국 온 나라가 가난해진다고 생각했던 것이지요. 따라서 국가가 나서서 가난한 사람을 구제해주면 안 된다는 입장이었습니다. 이 두 파의 다툼은 오랜 시간 지속되었습니다. 처음 이 정책 대결과 토론은 꼭 필요한 것이었습니다. 송나라에 새롭게 발생한 문제를 어떻게 해결할 것인지 탐구하는 과정이었으니까요. 그러나 시간이 지나면서 정책 대결은 감정싸움으로 변질되고 말았습니다.

왕안석을 처음 등용했던 신종이 죽고 어린 철종이 즉위하자 사마광을 비롯한 구법당에 의해 신법은 폐지되고 구법이 부활했습니다. 그러나 성년이 된 철종은 다시 신법당을 기용하고 구법당을 배척했는데, 이때부터 두 당의 대립은 더욱 격렬해졌습니다. 철종 사망 후 휘종이 즉위한 뒤에도 두 당의 대립은 멈추지 않았어요. 이때쯤 되면 더 이상 신법과 구법 가운데 어떤 것이 더 나라에 도움이 되느냐보다는 누가 이겨서 권력을 잡을 것인가가 더 중요한 문제가 되었습니다. 휘종 시기 권력을 잡은 채경이 바로 권력에 집착한 대표적인 인물인데요, 그는 원래 구법당이었다가 신법당이 승리하자 신법당으로 입장을 바꾼 기회주의자였습니다. 신법당에 가세한 채경은 구법당을 간신들의 당이라는 의미의 '간당'이라 부르며 사마광을 비롯한 309명의 이름을 돌에 새겨 전국에 세웠다고 합니다. 이 비석을 원우당적비라고 합니다. 그러나 막상 구법당을 간당이라고 부르며 자신의 정당함을 주장한 채경이 권력을 잡고 한 일은, 황제의 취미생활을 돕기 위해 백성들을 쥐어짜는 일이었습니다. 왕안석이 처음 신법을 통해 추구했던 이상은 이미 온 데 간 데 없이 사라지고 말았던 것이지요. 그래서였을까요. 두 당의 대립이 한창이던 철종 때 구법당의 황정견이라는 사람은 자신이 지은 시에서 '비가 내리니 개미싸움이 한창이구나, 정말로 옳고 그름이란 어디에 있는가'라고 탄식했습니다.

송나라로부터 천 년이 지난 21세기, 지금 우리는 민주주의의 시대를 살고 있습니다. 우리는 정당 후보들의 정책을 비교해보고 대표자로 선출하는 시스템을 구축했다고 생각하고 있지요. 그러나 과연 정책 비교를 통해 합리적인 대표를 선출하고 있는 것일까요? 우리는 대체 송나라로부터 얼마나 나아졌는지 여러 가지 생각이 드는 요즘입니다.

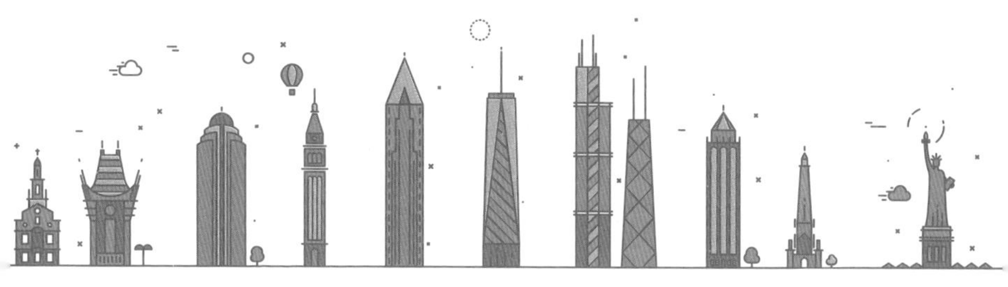

역사를 통해 보는 정경유착의 뿌리

한국 현대사에는 영광과 오욕이 공존하고 있습니다. 독재 권력과 유착하여 부를 축적한 일부 재벌과, 이를 통해 부정한 재산을 형성한 정치인들의 비리 문제 역시 그중 하나입니다. 이처럼 정치와 경제가 부정하게 연결되어 있는 경우를 정경유착이라고 한답니다. 정경유착이 발생하면 자유로운 경쟁이 어려워지고 특정인들에게 이익이 집중되기 때문에 사회 전체적인 손해가 발생합니다. 그렇다면 역사 속에서 정경유착은 어떤 모습이었을까요? 이번에는 역사 속 정경유착에 대해 알아보도록 하겠습니다.

정경유착은 자본주의 사회의 특징이라고 생각하는 사람들이 있습니다. 그러나 정경유착의 뿌리는 훨씬 깊답니다. 자본주의가 등장하기 이전에도 정경유착은 존재했어요. 오늘날 세계 대부분이 채택하고 있는 경제정책인 자본주의는 시장에서의 자유로운 경쟁을 원칙으로 하는 반면, 전근대 사회에서는 대부분 관허 상인들에 의해 상업이 발달했습니다. 관허 상인은 국가의 허가를 받아 장사하는 사람들을 일컫는 말입니다. 생산과 운송이 발달하지 않은 전근대 사회에서는 상품을 생산하고 판매하는 일이 쉽지 않았어요. 그래서 공급이 늘 일정하지는 않았기 때문에, 시장에서 물건의 가격도 일정하지 않았답니다. 이런 상황에서 자연재해나 전쟁 등으로 특정 지역에서 물건의 수요가 폭증하거나 물가가 폭등하면 상인들은 그 지역으로 모두 몰릴 것이고, 그렇게 된다면 나머지 지역에서는 물건이 부족해 사람들이 생활하기 어려워질 위험이 있었어요. 그래서 정부는 늘 상인을 통제해서 상업과 유통을 관리하려 했답니다. 이처럼 좋은 의도에서 상인들을 통제한 것이지만, 그러다보니 자연스럽게 상인들이 정부와 관리들에게 뇌물을 바치고 자신의 이익을 추구하는 정경유착이 발생하는 일도 있었습니다. 이처럼 정경유착은 국가와 정부, 상업이 등장한 초기부터 인류에게 낯선 개념이 아니었습니다.

중국에서 상업이 크게 성장한 시기는 송나라 시대였습니다. 송나라는 문치주의를 앞세워 문신 관료의 수가 크게 늘어났습니다. 과거 시험의 과목이었던 성리학도 더불어 널리 퍼졌고, 이를 공부하는 사대부의 수도 많아졌지요. 그렇지만 그들이 모두 관료가 될 수는 없었습니다. 게다가 관료가 되어도 월급은 적고, 그나마 적은 월급의 대부분이 돈이 아니라 물건으로 지급되었기에 생활하기 어려웠어요. 결국 관리와 사대부들은 부업으로 장사를 하는 경우가 많아졌답니다. 이후 중국에서는 학자들도 상업에 투자하거나 상인들과 결탁하는 일이 드문 일이 아니었습니다.

특히 청나라 시대에는 호광용이라는 상인이 크게 성공했어요. 어려서 아버지를 여의고 혼자 공부하던 호광용은 친지의 추천으로 중국 항주 지방의 유명한 전장에서 일을 배우기 시작했습니다. 호광용이 돈을 번 데에는 여러 가지 얘기가 있지만, 특히 항주를 포함한 절강 지역의 순무였던 왕유령과 얽힌 이야기가 있습니다. 왕유령은 젊어서 항주 거리를 떠돌며 돈을 빌리려 시도했다고 해요. 그러나 왕유령은 가진 것이 없었고, 돈을 빌리기도 쉽지 않았지요. 이때 호광용이 왕유령을 눈여겨보고 500냥이라는 큰돈을 빌려줬다고 합니다. 비록 왕유령이 행색은 초라하나 범상치 않은 인물이라고 판단한 것이지요. 왕유령은 이 돈을 가지고 상경해 얼마 후 절강지역의 식량을 총괄하는 양태 총판이 되어 돌아왔어요. 돌아온 왕유령은 호광용에게 돈을 모두 갚은 뒤 따로 전장을 차릴 수 있게 도와주었지요. 몇 년 후 왕유령은 다시 절강 순무로 승진하면서 호광용을 자신의 후임 양태 총판으로 추천했습니다. 이런 과정을 거쳐 권력자와 손을 잡은 호광용은 크게 성장할 수 있었어요. 이후 호광용에게 다시 한 번 기회가 찾아왔습니다. 당시 중국 남부는 태평천국의 난이라는 반란이 일어난 상황이었는데, 왕유령이 호광용에게 상해의 관군에 식량과 무기를 공급하도록 맡긴 것이지요. 이때 호광용에게 예기치 않은 위기가 닥쳤습니다. 태평천국군과 싸우던 왕유령이 전사한 것이지요. 그러나 호광용은 위기를 기회로 삼아 다른 권력자와 손을 잡았어요. 새로 절강 순무로 부임한 좌종당이라는 인물에게 물자를 보급해주기 시작한 것이지요. 호광용에게 물자를 공급받은 좌종당은 매우 기뻐하며 호광용의 뒤를 밀어주기 시작했습니다.

이웃고 태평천국의 난이 모두 진압된 뒤 호광용은 좌종당의 추천을 받아 홍정상인이 되었지요. 홍정은 청나라 고위 관료들만 쓸 수 있는 모자를 의미합니다. 거기에 황제로부터 공신들만 받는 황마괘를 하사받는 등 최고의 자리에 올랐습니다. 그러나 호광용의 부귀영화도 끝이 있었습니다. 좌종당이라는 정치인의 후원으로 성장한 호광용은, 좌종당이 정치적 라이벌이었던 이홍장과의 권력 다툼에서 패하면서 모든 힘을 잃게 되었습니다. 결국 권력으로부터 버림받은 호광용은 모든 관직을 박탈당했고, 정부가 그를 체포하려 하자 화병으로 쓸쓸히 죽었습니다.

정경유착은 자본주의의 등장과 함께 더 크게 늘어나기 시작했습니다. 상인의 수 자체가 급격히 늘어났기 때문이지요. 늘어난 상인들은 다른 상인들과의 경쟁에서 패배하지 않기 위해 권력과 결탁하려 노력했습니다. 이를 위해 많은 뇌물을 바치기도 했지요. 결국 왕과 귀족들은 상인들에게 독점권을 판매하며 상인들의 이익을 보장해주었고, 그 대가로 상인들로부터 돈을 받기 시작했습니다. 17세기 영국에서는 "왕이 어찌나 많은 독점권을 만들어내고 팔았는지 독점권자에게 돈을 지불하지 않고는 세수나 빨래도 할 수 없었고 술을 마시거나 카드놀이도 할 수 없었다. 심지어 성경도 읽을 수 없을 정도였다."는 풍자글이 나올 정도였으니까요. 이 같은 정경유착은 오늘날 선진국이라 불리는 나라들도 예외는 아니었습니다. 영국이나 미국 같은 나라들도 자본주의가 정착하던 초기에는 심각한 상태였지요.

미국의 정경유착 하면 대표적으로 「금주법」 시대에 성장한 미국의 갱단인 마피아들이 있습니다. 1919년 미국 의회는 주류의 양조, 판매, 운반, 수출입을 모두 금지하는 「금주법」을 통과시켰어요. 당시는 제1차 세계대전으로 인한 호황이 미국을 성장시키고 있었지요. 자본주의의 발달과 산업화로 경제가 성장하자 미국 의회는 도덕과 가치의 타락을 막아보겠다는 의도로 「금주법」을 제정했습니다. 그러나 「금주법」은 도덕을 회복시키기는커녕 밀주와 밀거래로 전 사회를 뇌물투성이로 만들고 갱단이 성장하도록 돕는 역할을 하고 말았습니다. 시카고에서는 이 법을 통해 알 카포네라는 갱단 우두머리가 성장하게 되었어요. 시카고는 공무원들이 심각하게 부패한 곳이었습니다. 알 카포네가 활개치던 당시 시카고 시장인 윌리엄 톰슨 역시 부패한 시장이었지요. 그는 알 카포네와 갱단의 뒤를 봐주고 자신의 선거에도 갱단을 활용했어요. 알 카포네는 윌리엄 톰슨이 당선되게 하기 위해 25만 달러를 썼다는 말을 하기도 했어요. 게다가 시카고의 공무원, 언론들도 모두 알 카포네와 연루되어 있었습니다. 경찰과 기자들은 갱단에게 줄을 서다시피 해서 돈을 받아갔다고 해요. 톰슨이 시장으로 있고 공무원과 언론도 모두 알 카포네의 편이었으니 시카고에서 알 카포네를 건드릴 사람이 없었던 것은 당연한 일이었지요. 이처럼 알 카포네가 돈을 이용해 시카고의 정계에 자기편을 만든 상황에서 미국의 「금주법」이 통과되자, 그는 몰래 술을 만들고 팔아 더 큰 돈을 벌어들였습니다. 그 돈은 다시 시카고의 시장과 공무원들에게 뇌물로 사용되었지요. 그 결과 알 카포네가 죽인 사람이 150명이 넘는다는 소문이 돌았음에도 경찰은 그를 전혀 건드릴 수 없게 되었습니다. 그러나 알 카포네의 비행은 정도를 넘어섰고, 마침내 미국의 연방 정부가 나섰어요. 재무부 소속의 주류 단속반 수사관인 엘리엇 네스를 중심으로 특별수사대를 꾸렸습니다. 알 카포네의 다양한 범죄 혐의들이 있었지만 시카고 주정부가 협조하지 않은 탓에 알 카포네를 잡을 방법은 탈세 혐의밖에 없었던 것이지요. 마침내 엘리엇 네스에 의해 알 카포네는 탈세와 「금주법」 위반으로 11년형을 선고받고 몰락하게 되었습니다. 윌리엄 톰슨은 알 카포네가 몰락하기 이전에 공화당의 대통령 예비선거에 출마했다가 떨어지면서 이미 몰락한 상태였지요.

우리가 잘 아는 미국 대통령 링컨의 시대에도 정경유착은 심했다고 해요. 공화당 소속이었던 링컨은 대통령 선거에 출마하기 전에 우선 공화당 내의 후보 결정전에서 승리해야 했습니다. 그런데 그는 선거 전날까지도 예상 순위 4위 안에도 들지 못했다고 해요. 그런 링컨이 공화당 후보 결정전에 승리하고 대통령 선거에서도 승리한 것은 캐머런이라는 사람의 지지가 결정적인 역할을 했다고 합니다. 링컨의 선거 참모였던 데이비스가 캐머런과 협상한 끝에 팬실베이니아 의원들의 표를 통째로 가져가는 데 성공했거든요. 링컨은 대통령으로 당선된 뒤 캐머런을 재정부의 장관으로 임명하려 했습니다. 캐머런은 건설업, 철도업 등으로 많은 돈을 번 유능한 사업가이기도 했지요. 그러나 정치인으로는 부정한 사람이라는 이유로 많은 반대를 받기도 했습니다. 결국 캐머런은 재정부의 장관 대신 전쟁부 장관에 임명되었습니다. 캐머런 역시 전쟁부 장관 자리에 만족했어요. 19세기의 미국은 아직 군수산업이 발달하기 전이라 군대의 규모가 크지 않아 업무가 많지 않았고, 그런 가운데서도 적당히 뇌물을 받으며 생활할 수 있었거든요. 그런데 캐머런에게는 불행하게도 전쟁부는 얼마 지나지 않아 엄청난 사건과 맞닥뜨리게 되었습니다. 바로 남북전쟁이지요. 노예 해방 문제로 미국 남부의 주들이 연방을 탈퇴하겠다고 하자 미국의 남부와 북부 사이에 내전이 발생한 것이지요. 전쟁이 발생하자 북부가 지휘하는 미국 연방군은 전쟁 전 1만 6천 명에서 67만 명으로 늘어났습니다. 전쟁부의 업무도 어마어마하게 늘어났고, 자연스레 예산도 크게 증가했어요. 그러나 캐머런은 이처럼 상황이 변했음에도 여전히 산업체들로부터 돈을 받고 계약들을 진행했습니다. 수백만 달러에 달하는 계약들을, 실제로 전쟁이 발생한 상황 속에서도 말이지요. 심지어 어떤 계약은 캐머런이 돈을 받고 체결한 결과 제대로 된 서류도 없이 진행된 계약도 있었다고 합니다. 결국 전쟁이 시작되고 두 달이 채 지나기도 전에 군대의 보급품으로 망가진 총, 눈먼 말, 찢어진 배낭들이 지급되기 시작했습니다. 전투도 당연히 제대로 수행할 수 없었지요. 결국 의회가 수사에 착수하자 무려 1,100페이지에 달하는 캐머런의 부정부패가 드러났습니다. 이뿐만 아니라 전쟁부에는 캐머런에게 청탁을 하러 찾아온 사람들이 끊이지 않았고, 직원 거의 대부분이 캐머런에게 인사 청탁을 통해 들어온 사람들이었다고 해요. 결국 캐머런은 해임되었습니다. 캐머런이 해임된 뒤 임명된 전쟁부 장관은 스탠턴이라는 강직한 사람이었습니다. 스탠턴은 화요일부터 금요일까지 누구도 전쟁부에 찾아오지 말라는 명령을 내리고, 군수산업체들의 청탁도 일체 거부했습니다. 결국 스탠턴 장관은 링컨 대통령을 훌륭히 보좌해 내전을 승리로 이끌었지요.

정경유착은 단순히 뇌물을 받은 사람 개인의 문제가 아닙니다. 정경유착이 발생하면 유효하고 적절하게 사용되었어야 할 사회의 자원이 부적절하게 낭비되는 결과가 나타납니다. 또한 사회의 많은 사람들이 열심히 살아가려는 열정을 잃게 되지요. 앞에서 본 알 카포네의 사례에서 보듯이 범죄자들이 활개 치는 악영향도 있습니다. 그러나 그렇다고 해서 우리 사회 전체가 포기할 일은 아닙니다. 앞의 사례에서도 얘기했듯이, 오늘날 선진국들도 과거에는 정경유착이 심했답니다. 이번 사건을 통해 우리 사회도 정경유착의 고리를 끊고 보다 투명하고 합리적인 사회로 나아가는 계기가 되길 기대해 봅니다.

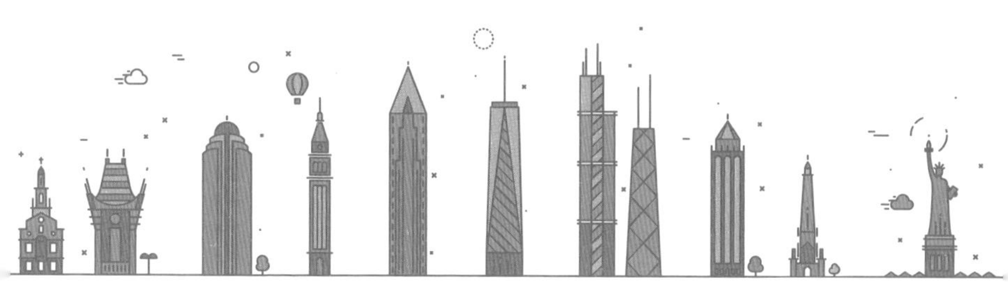

낭만의 삼국시대, 그 후의 이야기

수업 시간 학생들에게 『삼국지』를 아느냐고 물으면 설령 『삼국지』를 읽지 않은 친구들이라도 신문과 방송, 영화와 게임 등을 통해 알게 된 유비, 조조, 손권 같은 인물들의 이름을 댑니다. "그러면 삼국을 통일한 나라가 어딘지 아느냐"고 물으면 다시 한동안 조용해졌다가 자신 없는 목소리들이 나오곤 해요. "위나라… 아닌가요?" 땡. 조조가 세운 위나라는 제갈량의 공격을 여러 차례 막아낼 정도로 강성하긴 했지만, 촉나라와 오나라를 무너뜨리고 중국 대륙을 통일한 나라는 위나라 대신 사마의의 손자가 세운 진(晋)나라였습니다. 조조의 후손이자 위나라 황제인 조환으로부터 황제 자리를 빼앗은 사마염은 스스로 무제가 되어 진나라를 세우고 오나라를 무너뜨려 280년 중국 대륙을 통일하였어요.

하지만 진의 천하는 오래 가지 못했습니다. 오히려 중국이 통일되기 전보다 더 큰 혼란이 찾아왔어요. 이번에는 수많은 위인들이 활약했던 『삼국지』의 결말 이후 중국에서 벌어졌던 일들을 함께 알아보도록 합시다.

중국 대륙을 통일한 진나라가 일찌감치 무너지게 된 건 사실 진나라가 세워질 때부터 어느 정도 예견된 일이었습니다. 사마염이 황제 자리를 빼앗기 전 위나라는 이미 사마의와 그의 아들인 사마사·사마소 형제, 사마소의 아들인 사마염에 이르기까지 사마씨 가문이 실권을 장악하고 권세를 부리고 있었어요. 사마씨 가문이 권력을 장악한 건 이들이 뛰어난 지략을 갖고 있었기 때문이기도 했지만, 조조의 후손이자 위나라의 황족이었던 조씨 가문의 힘이 너무 약했기 때문입니다.

그 이유는 조조에게 있었어요. 위나라를 세우고 왕이

된 조조는 능력 중심의 인재 등용을 중시하는 한편 왕족들이 세력을 이루어 권력을 추구하는 것을 극도로 경계했습니다. 그래서 조씨 가문 사람끼리는 서로 교제를 아예 금지하고, 조씨 일족들의 봉토를 끊임없이 바꾸어 독자적인 세력을 꾸리지 못하도록 했어요. 이런 방침은 조조의 아들 조비가 위나라 황제가 된 이후에도 이어졌고, 그 결과 조씨 가문은 결집되지 못하고 뿔뿔이 흩어졌습니다. 이 틈을 사마의 일족이 파고들어 권세를 쥐었고, 사마씨 일족이 황제와 황족들을 핍박하기 시작했을 때에는 아무도 대항할 사람이 없었지요.

사마의 일족이 권력을 독점하면서 위나라 말기부터 귀족 계층 사이에서는 허무주의와 사치·향락, 부패가 만연하게 되었습니다. 뜻있는 지식인들 사이에서는 이런 정치를 혐오하고 세상을 등지는 염세주의가 퍼졌고요. 이 중 가장 유명했던 일곱 사람을 '죽림칠현(竹林七賢)'이라고 불렀는데, 이들은 권력자를 조롱하고 자연을 벗삼는 노장사상을 따르며 기이한 행동을 하였지요.

사마씨 가문은 억지로 죽림칠현을 흐트려 놓았지만, 이들로 대표되는 정치 혐오와 염세주의는 계속되었어요. 중국 대륙을 통일한 진나라에서도 귀족계층의 무능과 부정부패가 계속되었기 때문입니다. 사마염(무제)은 통일을 이룬 뒤 사치와 향락에 빠져 살았고, 그의 아들 혜제는 우둔하기 그지없어 왕비 가황후와 가씨 집안이 실권을 장악하고 국정을 농단하는 일이 이어졌어요.

가황후가 친아들이 아닌 황태자를 폐위하고 살해하는 일이 벌어지자 사마씨 일족이 군사를 일으켜 가씨 일족을 몰아냈지만, 이후에는 사마씨 일족이 서로 권세를 다투면서 더 큰 혼란이 벌어졌어요. 급기야 사마씨 일족의 실력자 8명이 난을 일으키는 '팔왕의 난(300~306년)'이 일어나면서 진나라 상황은 유비가 관우·장비와 도원결의를 맺었던 한나라 말기만큼 혼탁하고 피폐해졌습니다. 농민들은 죄다 사마씨 일족의 군대로 끌려갔고, 농사를 짓는 사람이 줄어드니 중국 곳곳에는 기근이 퍼졌지요.

사마씨 일족이 중국 외곽에 살던 유목민족들을 군대로 끌어들이면서 상황은 더 심각해졌습니다. 진나라의 실정을 알게 된 흉노족과 선비족 등 다섯 유목민족이 화북 지역을 대거 침략하는 '영가의 난'이 일어난 것이죠. 유목민족의 침략에 수도 낙양을 잃은 진나라는 317년 강남지역에 있는 건업으로 수도를 옮겨야 했습니다. 이후 진나라를 동진(東晉)으로 부르게 되었지요. 화북 지역에는 다섯 유목민족이 제각각 나라를 세워 각축을 벌였고요. 이렇게 오호십육국, 남북조 시대가 시작되었습니다.

동진에서도 귀족층의 부패와 지식인들의 염세주의는 계속되었어요. 무엇보다 폐쇄적인 관리등용제도가 이를 부추겼습니다. 아무리 식견이 뛰어나고 실력을 갖추어도 가문이 변변치 않으면 높은 관직을 얻을 수 없었거든요. 진나라의 전신인 위나라에서는 관직을 9개 등급으로 나누고 관직에 걸맞은 인물을 능력에 따라 평가해 등용하는 구품관인법을 운영하였습니다. 진나라도 이를 그대로 유지하였지만, 시간이 흐르자 처음 취지와는 전혀 다른 방식으로 운용되었어요. 인물의 능력 대신 가문에 따라 관리를 뽑은 것이죠. 일부 지식인들이 이런 문제를 말하며 구품관인법을 없애자고 주장했지만, 419년 동진이 멸망하기 전까지 이 제도는 유지되었습니다.

결국 지식인들은 쉽게 염세주의에 빠졌어요. 동진의 귀족들 또한 이런 염세주의를 부추겼습니다. 그들에게 강남은 잠시 머무르는 곳일 뿐이었기에, 언젠가는 화북 지방으로 돌아가겠다는 생각뿐이었습니다. 그런 귀족들에게 강남 지방에서의 정치는 귀찮고 번잡스런 일일 뿐이었어요. 그들은 아무 일도 하지 않으며 녹봉만 많이 받는 자리를 선호했고, 자연스레 속세와 멀어지게 되었지요. 위진 남북조 시기에 청담사상이 유행한 것도 이런 이유가 있답니다.

한편 이 시기는 황제의 권위가 바닥에 떨어진 시기이기도 했어요. 동진이 멸명하고 남조와 송·제·양·진나라가 들어섰지만 귀족 계층은 꿋꿋이 기득권 지키기에 골몰했습니다. 정치를 천한 일이라고 생각한 귀족들은 행정실무나 군대 지휘를 자신들에게 아첨하는 사람들에게 떠넘겼고, '황제보다 귀족들이 더 고귀하다'는 생각으로 황제의 명은 귓등으로도 듣지 않았어요. 이렇게 정치가 혼란스러우니 여러 나라가 세워지고 망하기를 반복했고, 300여 년간 백성들은 원성과 한탄 속에서 살아야 했습니다.

이처럼 혼란스러웠던 중국대륙은 결국 무능하고 부패한 귀족들의 나라인 남조가 아니라, 한족을 포용하며 세력을 확장한 북조에 의해 다시 통일되었습니다. 5호 16국을 정리하고 북부를 통일한 것은 선비족이 세운 북위였어요. 북위는 도무제에서 효문제에 이르기까지 꾸준하게 유목민들의 풍습을 중국식으로 고치는 한화정책을 추진했어요. 이를 통해 유목민족의 부족장들을 약화시키고 황제의 힘을 강화시키려 했던 것이지요. 그러나 이와 같은 한화 정책은 유목민들의 반발을 사 결국 북위는 붕괴되었습니다. 북위는 동위와 서위로 나뉘고, 동위와 서위는 다시 북제와 북주로 이름을 바꾸었는데요, 북주는 북위의 한화 정책과는 정반대로 한족들을 유목민처럼 바꾸는 호화정책을 펼쳤습니다. 호화정책 덕분에 강력한 군대를 보유하게 된 북주는 천하통일을 거의 달성하기에 이르렀습니다. 그러나 북주의 명군 무제가 36세의 이른 나이에 사망하고 그 뒤를 이은 황제들이 어리석고 나이가 어려 정치를 제대로 수행하지 못하자 나라는 북주의 이름 높은 귀족이자 신하였던 양견에게 넘어갔습니다.

양견은 수나라의 문제로, 고구려를 침략한 탓에 우리에게는 악명 높은 황제로 알려져 있지만, 사실 내정에 있어서는 대단히 탁월한 황제였다고 해요. 문제는 세금제도를 개혁하고 과거제도를 처음으로 실시해 귀족세력을 견제하고자 하였습니다. 남조 귀족들의 사치와 부패를 익히 알고 있었던 그는 관리들이 옷을 비단으로 지어 입는 것도 금지했으며, 몰래 관리들에게 자신이 뇌물을 보낸 뒤 뇌물을 받는 관리는 사형에 처하기도 했다고 해요. 또한 늘 백성들의 삶을 살폈으며, 귀족들의 사치를 경계하고자 수라상의 반찬 가짓수를 줄이고 술을 마시지 않기도 했다고 합니다.

그러나 문제는 후계자 선정에 실패했는데요, 원래는 큰아들을 황태자로 삼았으나 둘째 아들의 모함으로 큰아들을 폐위하고 둘째를 황태자로 삼습니다. 물론 둘째 아들의 계략에 빠졌다고는 하나, 큰아들이 사치스럽고 주색을 밝힌 것은 사실이었습니다. 반면 문제의 둘째 아들은 늘 검약하고 소박한 모습으로 아버지의 환심을 샀습니다. 결국 황태자에 책봉된 둘째는 문제 사후 황위에 오르니 이 사람이 바로 두 번째 황제 양제입니다. 우리에게는 고구려 침공과 대운하 건설로 나라를 망하게 한 장본인으로 익숙하죠. 결국 문제는 명군으로 이름을 남길 수도 있었으나, 양제로 인해 그가 베푼 선정은 잊혀진 비운의 황제이기도 합니다.

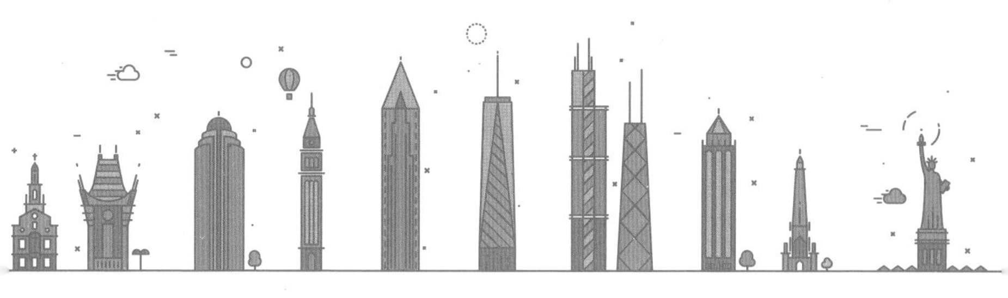

바다를 지배하는 자가 세계를 지배한다?

코로나19로 여전히 세계 경제가 신음하고 있습니다. 금리와 물가 상승으로 많은 사람이 고통스러워하는 요즘, 반도체를 비롯한 글로벌 물자 공급난 역시 부담을 가중시키고 있습니다. 물자난의 원인은 다양합니다. 전쟁뿐 아니라 이상기후도 영향을 미쳤을 것입니다. 그러나 중국의 도시 봉쇄가 미친 충격은 둘째가라면 서러울 것입니다. 코로나 확산을 막으려 도시를 봉쇄하는 가운데 상하이를 비롯한 해운 거점 도시들도 이를 피하지 못해 글로벌 공급 사슬의 작동이 멈추며 국제 무역이 마비되었던 것이지요. 상하이에 들어가지 못해 바다를 떠다닌 컨테이너선 사진이 국제 뉴스에 연일 오르내렸습니다.

대부분 기업은 무역을 할 때 해운을 이용해요. 해운은 비교적 저렴한 돈으로 많은 물건을 한 번에 나를 수 있는 장점이 있기 때문이죠. 그래서 해운에 문제가 생기게 되면 무역을 통해 거래되는 물건이 제때 전달되지 않는 물류난이 일어나게 됩니다. 한진해운의 배들이 바다 위에서 오가지 못하는 상황이 되면서 한진해운에 물건 운송을 맡긴 수많은 기업도 연달아 피해를 입고 있어요.

영국의 엘리자베스 1세는 16세기 영국의 해운업과 해상 무역을 일으켜 영국 경제의 번영을 가져왔어요. 이렇게 해운업을 잘 관리하지 않으면 국가 경제는 물론 세계 경제에도 큰 피해가 발생합니다. 반대로 해운업이 튼튼한 나라는 경제적으로 큰 번영을 누릴 수 있지요. 역사를 살펴보아도 해운을 중시한 나라와 해운을 소홀히 한 나라의 운명은 정반대로 나타났답니다.

"바다를 지배하는 자가 세계를 지배한다"는 말, 들어본

적 있나요? 이 말은 영국의 여왕 엘리자베스 1세(1533~1603)의 총애를 받던 월터 롤리 경이 한 말이에요. 엘리자베스 여왕이 즉위했을 때 영국은 심각한 경제 위기에 놓여 있었어요. 엘리자베스 여왕은 롤리 경의 말처럼 바다와 해운을 장악해야 경제 위기에서 벗어나 번영을 누릴 수 있다고 믿었어요. 그래서 영국 해군에 많은 투자를 하였어요. 심지어 신하들의 반대도 물리치고 당대 가장 유명한 해적이었던 프랜시스 드레이크를 영국 해군의 지휘관으로 끌어들였답니다.

엘리자베스 여왕이 이렇게 해군에 공을 들였던 이유는 당시 유럽 최고의 강대국인 스페인을 꺾어야만 바다와 해운을 장악할 수 있었기 때문이었어요. 일찍이 콜럼버스를 후원해 아메리카 대륙을 발견하고 식민지를 건설한 스페인은 아메리카 대륙에서 채굴되는 막대한 은을 바탕으로 경제 대국으로 떠올랐어요. 단 한 번도 패배한 적이 없는 '무적함대(아르마다)'를 바탕으로 지중해와 대서양의 해운을 장악하고 있었답니다.

엘리자베스 여왕의 지원으로 영국의 해군과 해운업이 점점 힘을 키워나가자, 스페인의 왕 펠리페 2세는 결국 무적함대에 영국을 공격하도록 지시했어요. 프랑스 칼레 연안에서 무적함대를 만난 영국 함대는 엘리자베스 여왕의 지원과 드레이크의 뛰어난 전술에 힘입어 승리를 거두었답니다. 이 전투가 세계 3대 해전 중 하나로 꼽히는 '칼레 해전'이에요.

이후 지중해와 대서양의 해운을 장악한 영국은 엘리자베스 여왕의 예견대로 놀라운 발전을 거듭했어요. 동인도 회사를 통해 아시아로 진출하면서 스페인이 독점하던 향신료 무역을 주도해 막대한 부를 벌어들였어요. 이를 바탕으로 해군력과 해운업에 힘을 더한 영국은 전 세계에 식민지를 건설하고 해상 무역을 하는 '해가 지지 않는 제국'으로 발전했어요.

서양 문명이 뱃길을 통해 처음 인도에 도달한 것은 1497년 포르투갈의 탐험가 바스쿠 다 가마가 아프리카 최남단을 지나 인도 캘리컷에 도착한 순간이었어요. 그런데 중국에는 이보다 80~90년 앞서 인도양 항로를 발견하고 아라비아의 메카와 아프리카 케냐 해안까지 도달한 인물이 있었답니다. 바로 명나라 황실의 환관이자 탐험가인 정화(1371~1433)예요.

"명나라의 부강함을 세계 각지에 알리고 세계의 진귀한

물건을 찾아오라"는 황제의 명령을 받은 정화는 대함대를 꾸렸어요. 정화가 이끈 원정대의 규모는 대항해시대를 열었던 유럽의 원정대보다 훨씬 컸다고 합니다. 콜럼버스의 함대는 배 3척에 선원 120여 명으로 꾸려져 있었는데, 정화는 무려 배 62척에 승무원만 2만 7,800명을 태웠다고 해요. 또 정화가 탔던 함선의 크기는 콜럼버스가 탔던 산타마리아호보다 30배나 더 컸다고 하니, 정말 대단하지요? 정화는 20여 년간 총 7차례의 원정을 통해 동남아시아와 인도, 아라비아반도와 동아프리카 해안으로 나아갔어요. 약 30여 개의 나라와 새롭게 외교관계를 맺었고, 세계 각지의 보물은 물론 아프리카에 사는 기린까지 중국에 가져왔다고 합니다.

서양보다 뛰어난 항해 기술을 자랑했던 명나라는 정화가 죽고 난 뒤 오히려 바다를 멀리하게 됩니다. 정화와 같은 환관들이 해운과 해양 원정을 통해 세력을 키우는 것을 두려워한 문신들이 견제에 나선 것이죠. 해양 원정은 완전히 중단되었고, 정화의 함선들은 모두 분해되어 버려졌어요. 정화의 원정대가 쓴 항해일지와 보고서도 모두 불태워 없어졌답니다. 급기야 명나라는 '왜구들이 바다와 해안가에서 약탈을 일삼는다'는 이유로 조공 무역 외에 모든 해상 무역을 금지시키는 해금령(海禁令)을 내렸어요. 정화의 원정을 통해 세계 최고의 해운 강국이 될 수 있었던 중국은 이렇게 스스로 세계 해운의 주도권을 서양에 넘겨주고 말았답니다.

명나라가 조정 내 세력 다툼과 왜구의 침략으로 해운을 포기한 것은 이후 국력 쇠퇴의 원인이 되기도 했어요. 해상 무역을 통한 경제적 이익이 사라졌고, 국제 정세에 대한 소식도 빠르게 접하지 못하게 되었기 때문이죠. 해운을 중시해 세계 최강대국으로 올라선 영국과 해운을 간과해 몰락의 길을 걸은 중국 명나라의 이야기는 해운과 해상 무역이 여전히 중요한 오늘날에도 뜻깊은 교훈을 전해주고 있어요.

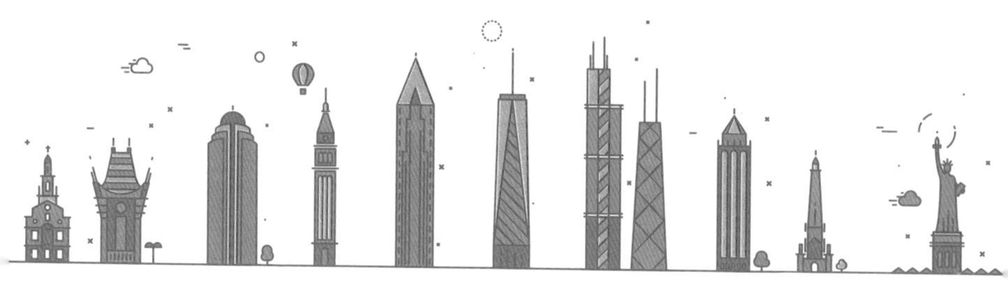

마오쩌둥과 문화대혁명

오늘날 중국은 미국과 더불어 G2로 불릴 정도로 강력한 국가로 성장했습니다. 이런 중국을 이끄는 리더가 바로 시진핑 국가 주석입니다. 2016년 10월 27일, 시진핑 중국 국가주석 겸 공산당 총서기가 중국 공산당으로부터 공식적으로 '핵심' 지위를 부여받았어요. 집단지도체제를 표방하는 중국 공산당이 주석에게 '핵심'이라는 지위를 부여하는 건 14년 만의 일이랍니다. "시진핑 주석이 장기 집권할 가능성이 높아졌다"는 전망과 함께 '시황제'라고 지칭하면서 "시진핑이 제2의 마오쩌둥이 되는 게 아니냐"

는 우려도 있는 상태죠. 개혁개방 정책을 주도하며 오늘날 중국의 청사진을 그린 덩샤오핑이 있음에도 중국 현대사의 절대권력이라고 하면 떠오르는 마오쩌둥은 대체 어떤 인물이었을까요? 중국 공산당을 이끌고 중화인민공화국을 수립해 '핵심' 지위를 처음으로 부여받았던 마오쩌둥(1893~1976)에 대해 알아보도록 해요.

마오쩌둥은 중국 후난성 창사 인근의 한 마을에서 농민의 아들로 태어났어요. 어릴 때부터 지독한 책벌레였던 마오쩌둥은 러시아혁명을 계기로 공산주의에 매혹되었고, 1920년부터 창사 일대에서 중국 공산당원으로 활동하게 되었어요. 20세기 전반 장제스가 이끌던 국민당과 대립하던 공산당은 1934년 국민당 군대의 대대적인 토벌 작전으로 궤멸 위기에 놓였어요. 이때 마오쩌둥은 공산당을 이끌고 국민당 군대의 포위망을 탈출한 뒤 1년여간 무려 1만 2,500킬로미터를 이동하는 '대장정'에 오르게 됩니다. 마오쩌둥과 공산당원들은 하루에 40킬로미터 이상 쉬지 않고 행군해 산맥 18개와 강 17개를 넘어 국민당 군대의 추격을 따돌리고 산시성 옌안에 새로운 근거지를 마련했어요.

대장정을 이끌고 공산당을 재정비하며 공산당의 지도자가 된 마오쩌둥은 '일본의 침략을 물리친다'는 명분으로 국민당과 잠시 손을 잡는 '국공합작'을 벌였지만, 1945년 일본이 패망하자 다시 국민당과 치열한 내전을 벌였어요. 마오쩌둥은 대장정 때 포섭한 농민과 노동자들의 지지를 바탕으로 내전에서 승리했고, 1949년 베이징에서 중화인민공화국 수립을 선언하며 중국의 최고 권력자가 되었어요.

이후 마오쩌둥은 본격적으로 공산주의 실험을 시작했어요. 공장 등 모든 산업 시설은 물론, 토지와 농기구까지 국가 소유가 되었어요. 농민들이 공공 토지에서 공동으로 일하고 수확물을 똑같이 나누어 가지는 집단농장도 운영되었고요. 하지만 잘 알려진 대로 이런 공산주의 경제 방식은 비효율과 부패만 가져왔답니다. 위기감을 느낀 마오쩌둥이 "중국을 산업화된 강대국으로 만들겠다"며 대약진운동을 시작했지만 이 역시 실패로 돌아갔어요. 마오쩌둥의 한마디에 경제가 휘청거렸고 애꿎은 참새들이 비명횡사하는 일이 벌어지기도 했어요. 어느 날 논밭의 벼를 쪼아먹는 참새를 쫓는 농민을 본 마오쩌둥이 참새를 가리키며 "저 새는 해로운 새다"라고 말하자 중국 전역에서 참새 박멸 운동이 일어난 것이죠. 그 결과 참새의 수가 급격히 줄면서 해충이 번성했고, 오히려 전보다 농작물 피해가 더 커졌답니다. 그러나 이는 대약진 운동으로 인해 발생한 피해의 극히 일부에 지나지 않습니다. 1960년부터 대기근이 일어나면서 급기야 수천만 명이 굶어 죽는 끔찍한 일이 벌어졌고, 마오쩌둥은 주석 자리에서 물러나게 되었어요.

한동안 숨죽이던 마오쩌둥은 1966년 전후로 류사오치와 덩샤오핑 등 자신을 비판했던 공산당 지도자들을 "농민을 착취하는 지주와 자본주의를 중국에 끌어들이고 있다"고 공격하며 대중을 선동하고 나섰어요. 동시에 유교적 전통과 지주·부르주아·자본가 계급을 아예 말살시키는 '문화대혁명'을 일으켰답니다. 문화대혁명을 바탕으로 마오쩌둥은 자신을 반대하는 세력을 모두 몰아내고 다시 주석이 되었어요. 마오쩌둥을 지지하는 공산당원은 물론 평범한 학생들도 마오쩌둥의 지시를 절대적으로 따르는 '홍위병'이 되어 유교 문화재를 파괴하고 죄 없는 사람을 '공산당에 반대하는 세력'으로 몰아 마구 죽이는 끔찍한 일들도 벌어졌고요.

마오쩌둥이 죽은 1976년까지 문화대혁명이 계속되면서 중국에서는 수백만 명이 목숨을 잃거나 감옥에 가는 끔찍한 일이 벌어졌어요. 중국은 혼돈 상태에 빠졌고, 경제 상황은 전보다 더 악화되었지요. 중국은 마오쩌둥이 죽고 덩샤오핑이 개혁·개방 정책을 추진하면서 비로소 사회적 안정과 경제를 회복할 수 있었답니다. 그러나 중국 전통 문화와 그 계승자들이 문화대혁명 시기에 입은 피해는 막심하였고, 그 결과 아직까지도 제대로 회복이 이루어지지 않고 있다고 합니다.

덩샤오핑의 '흑묘백묘론'

문화대혁명이 끝난 뒤 중국을 이끈 덩샤오핑은 극단적인 공산주의를 추구했던 마오쩌둥과 달리 실용적인 경제정책을 추진했어요. 그의 경제정책을 일명 '흑묘백묘론(黑猫白猫論)'이라고 부릅니다. '검은 고양이든 흰 고양이든 쥐를 잘 잡는 고양이가 좋은 고양이다'라는 뜻으로 "자본주의든 공산주의든 중국 인민을 잘살게 하는 것이 가장 좋은 경제정책"이라는 덩샤오핑의 말에서 따온 이름이에요.

이에 따라 덩샤오핑은 1970년대 말부터 시장경제 체제를 도입하고 외국과의 교류·교역을 늘리는 개혁·개방 정책을 추진했어요. 그 결과 중국은 정치는 공산당이 통제하면서도 경제는 시장 체제로 운영되는 독특한 나라가 되었지요. 1990년 전후로 공산주의 경제를 고집하던 소련과 여러 공산권 국가가 무너질 때에도 중국은 시장경제를 바탕으로 경제성장을 계속할 수 있었어요.

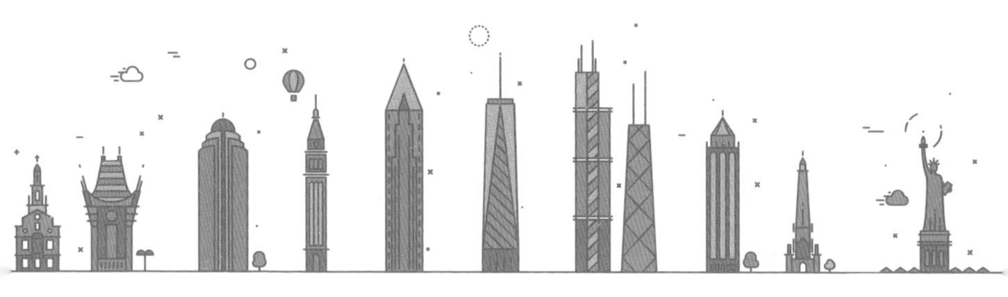

'하나의 중국'으로 보는 중국과 타이완의 관계

미중 갈등이 격화되면서 타이완을 둘러싼 국제 정세도 급변하고 있습니다. 미국 하원의장이 타이완을 전격 방문하자 이에 발끈한 중국이 격렬하게 반발하기도 했지요. 타이완과 중국의 관계를 잘 모르는 사람이라면 상황이 이해가 안 갈 것입니다. 그렇다면 두 나라 사이에 대체 무슨 일이 있었기에 타이완을 사이에 두고 미국과 중국의 신경전이 벌어지고 있는 것일까요? 타이완과 중국의 관계를 일컫는 양안 관계와, '하나의 중국'이라는 원칙에 대해 알아보도록 하겠습니다.

오늘날 중국은 거대한 땅과 많은 민족으로 구성되어 있지만, 처음부터 그 모두가 중국이었던 것은 아닙니다. 처음 황하 부근의 문명에서 시작한 중국은 오랜 역사를 거치며 흉노족과 여진족, 만주족 등 다양한 이민족들의 침략을 당했어요. 그들과 갈등하고 융합하는 과정에서 영토가 확장되고 많은 이민족들을 중국으로 수용해 나간 것이지요. 오늘날 우리가 아는 중국의 영역이 형성된 것은 비교적 최근인 청나라 때였답니다. 그래서 지금도 티베트족이나 위구르족은 중국으로부터의 독립을 주장하고 있는데요, '하나의 중국'은 중국이 소수민족의 독립을 인정하지 않는 정책을 말합니다. 중국은 민족에 상관없이 오직 하나만 존재할 수 있다는 이야기이지요. 어느 한 민족이나 지역이라도 중국으로부터 독립하면, 나머지 소수민족들도 독립을 요구할까봐 걱정하는 것이지요. 중국이 타이완을 대하는 것 역시 같은 맥락의 문제입니다. 중국은 타이완 역시 '하나의 중국'이라는 원칙 아래 독립국으로 인정하지 않고 있는 것이지요. 그렇다면 중국과 타이완은 어떤 관계일까요?

중국의 역사 문헌들에는 타이완으로 추정되는 다양한 지명들이 등장하지만, 그중 어느 것도 타이완이라고 확신할 수는 없어요. 명나라 시기까지도 타이완은 중국 정부의 통치를 받지 않았답니다. 그저 해적들의 소굴 정도였지요. 타이완이 본격적으로 역사의 무대에 등장하는 것은 유럽인들이 타이완을 점령한 뒤입니다. 16세기가 되면서 서구 열강들이 무역을 위해 아시아로 침투해오기 시작했습니다. 이때 네덜란드와 스페인은 타이완을 점령하고 자신들의 거점으로 삼았지요. 이후 중국 대륙에서 만주족의 공격으로 명나라가 망한 뒤 부흥운동을 펼치던 정성공이 타이완을 거점으로 삼기 위해 네덜란드를 축출하면서 타이완에 처음으로 중국계 정권이 수립되었습니다. 스페인은 이에 앞서 일본과의 무역이 뜻대로 진행되지 않자 이미 타이완에서 철수한 상황이었지요. 정성공 세력이 청나라에 의해 진압되면서 17세기 말 타이완은 마침내 완전히 중국 중앙 정권에 소속되었습니다. 청조의 지배를 받던 타이완은 청일전쟁의 결과 일본에 할양되면서 일본의 식민지가 되었다가 일본의 패망 이후 중화민국으로 반납되어 현재에 이르고 있지요.

오늘날 중국과 타이완 사이의 갈등이 시작된 순간은 20세기 전반까지 거슬러 올라갑니다. 쑨원의 신해혁명이 성공해 청나라는 붕괴되었지만, 쑨원과 타협하여 총통이 된 위안스카이가 제정을 부활시키려다 사망한 이후 중국 전역은 군벌들에 의해 분할되어 있었어요. 분열된 중국을 다시 통일하기 위해 쑨원의 국민당은 소련 공산당의 도움을 받으며 중국 공산당과 손을 잡았지요(1차 국공합작). 국민당이 군벌을 토벌하고 중국을 통일한 이 사건을 국민혁명, 혹은 북벌이라 부릅니다. 그러나 쑨원이 사망하고 쿠데타로 국민당을 장악한 장제스는 북벌 과정에서 공산당과의 관계를 끊고 공산당을 공격하기 시작했지요. 중국 공산당은 국민당의 공격을 피하기 위해 근거지를 옌안으로 옮기는 대장정을 시작했습니다. 옌안에 도착한 공산당은 다시 조직을 재건하기 시작했지요. 장제스는 그런 공산당을 다시 공격했어요. 당시 중국은 1931년 만주사변을 일으킨 일본이 내륙으로 진출할 기회만 노리던 상황이라 일본에 대한 대비를 먼저 해야한다는 주장도 있었지만, 장제스는 내부의 문제를 먼저 정리해야 한다며 공산당에 대한 공격을 더욱 강화했지요. 이에 장제스의 부하인 장쉐린이 장제스를 감금하고 일본을 물리치기 위해 공산당과 손을 잡아야 한다고 주장하자 장제스가 그 주장을 받아들여 국민당과 공산당은 다시 손을 잡게 되었습니다(2차 국공합작). 이후 장제스의 국민당과 공산당은 중일전쟁을 일으킨 일본에 맞서 싸웠으며, 제2차 세계대전이 발발하자 연합국 편에서 참전해 일본을 물리쳤습니다.

일본을 물리친 국민당과 공산당은 다시 충돌하기 시작했어요. 이 충돌을 막기 위한 평화 협상도 열렸지만 별 성과를 거두지 못했고, 마침내 국민당과 공산당의 내전이 시작되었습니다. 미국은 자유주의 진영인 국민당이 승리해 미국에 우호적인 정권이 중국에 수립되기를 바랐어요. 그래서 국민당을 지원했어요. 내전이 발생한 초기에는 미국의 무기와 재정 지원을 받은 국민당이 유리했지요. 그러나 국민당의 관료들은 지나치게 무능했고, 동시에 지나치게 부패해 있었답니다. 국민당의 경제정책 실패로 발생한 연평균 500퍼센트라는 인플레이션은 중국인들이 국민당으로부터 등을 돌리게 했고, 민심을 얻은 공산당은 결국 국민당을 몰아내고 중국 전역을 차지하게 되었습니다. 장제스는 일부 인사들만을 데리고 타이완으로 탈출했어요. 장제스가 이끈 국민당 정부가 바로 쑨원의 신해혁명을 계승한 중화민국(타이완)이고, 오늘날 우리가 중국이라고 부르는 공산당 정부의 정식 명칭은 중화인민공화국이랍니다. 이렇게 해서 중국은 두 개의 정부로 분열되었어요. 이때 중국 공산당은 타이완까지 공격하는 것을 고려했지만 얼마 지나지 않아 6·25 전쟁이 발발하면서 타이완에 대한 공격은 미루었다고 합니다.

원래 UN에서 중국의 공식 정부로 중국인을 대표하는 나라는 타이완이었습니다. 연합국의 일원으로 세계대전에 참전해 UN 상임이사국이기도 했지요. 특히 미국은 타이완의 '하나의 중국'을 지지하면서 자유주의 진영인 타이완을 중국으로부터 보호했습니다. 냉전 시기에 타이완과 중국 사이에는 세 차례의 포격전이 있었는데요, 이때마다 미국이 나서서 중국을 저지했습니다. 1954년 중국이 타이완의 진먼섬을 포격한 1차 타이완 해협 위기 이후 미국은 타이완과 안보 조약을 체결했고, 1958년 2차 위기 때는 타이완에 무기를 지원하며 핵무기 사용을 검토하기도 했답니다. 1962년 3차 위기 때도 미국의 케네디 대통령이 포격을 중단하라고 경고하였지요. 이러한 미국의 저지로 중국은 타이완 통합 정책을 무력 통합 정책에서 평화적이고 정치적인 통합 정책으로 바꾸었습니다.

그러나 중국이 공산권에서 세력을 강화하면서 타이완의 영향력은 점차 약화되었고, 결국 1971년 UN의 제2758호 결의안에 의해 중국의 합법적 정부는 중화인민공화국으로 결정되어 타이완은 UN에서 추방되었습니다. 타이완을 이용해 중국을 견제하고자 했던 미국은 타이완과 중국 양쪽 모두를 회원국으로 인정하자고 했지만, 타이완의 장제스는 중국 공산당과 함께할 수 없다며 자진해서 UN을 탈퇴해버렸지요. 이뿐만 아니라 닉슨 독트린 이후 미국이 공산권과 유화 분위기를 형성하기 시작하고, 1972년 미국의 닉슨 대통령이 중국을 방문하면서 미·중 공동 성명으로 중국을 중국인들의 유일한 합법정부로 인정하면서 결국 타이완은 1979년 미국과 외교관계가 단절되었습니다. 같은 해 일본도 중국과 국교를 수립하며 타이완과의 관계를 단절했으며, 우리나라도 1992년 중국과 국교를 수립하며 타이완과 관계를 단절했습니다. 오늘날 타이완은 극소수의 나라들을 제외하고는 공식적인 외교관계를 맺지 못하고 있어요. 이 모든 것은 중국과 타이완 양측이 모두 '하나의 중국' 원칙을 주장하며 상대방을 인정하지 않는 데에 기인합니다. 중국은 자신들과 외교관계를 수립하는 나라들에 대해 타이완과 관계를 단절할 것을 요구하고 있어요. 2005년에는 「반국가 분열법」을 제정해 타이완이 독립을 시도할 경우 무력 개입할 것임을 법제화하였어요.

그러나 공식적인 외교관계는 단절되었지만 암묵적인 관계는 지금도 유지되고 있습니다. 특히 미국의 경우에는 79년 공식적으로 외교관계를 단절하며 「타이완관계법」을 제정하여 타이완에 무기를 수출하고 중국과의 관계에서 중재자 역할을 담당할 것 등을 규정하고 있습니다. 이를 통해 타이완을 중국을 견제하는 지렛대로 활용하는 것이지요. 지금 미국이 타이완에 접근하는 것 역시 그 연장선상에서 이해해야 합니다. 타이완을 이용해 중국을 견제하려는 의도인 것이지요. 성장하는 중국과 이를 견제하려는 미국, 그리고 두 나라를 둘러싼 세계 각국의 눈치싸움이 전개되고 있는데요, 과연 그 결과는 어떻게 될까요?

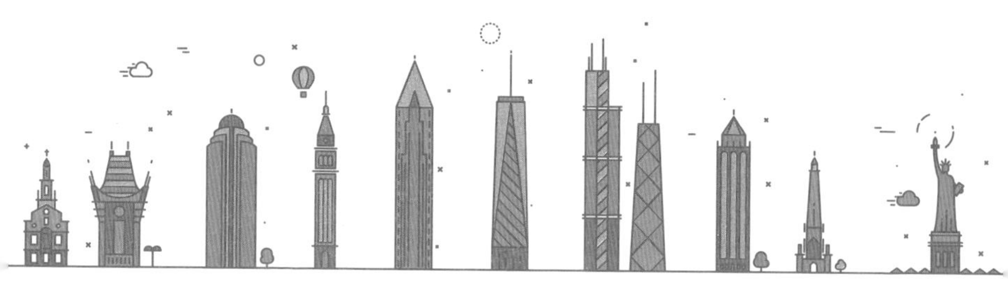

미국과 일본은 어떻게 동맹국이 되었나?

미국과 일본은 제2차 세계대전 이후 군사·경제·정치 등에서 긴밀히 협조하는 끈끈한 동맹 관계를 이어오고 있어요. 두 나라는 어떻게 만났으며, 어쩌다가 싸우게 되었을까요? 또 서로 전쟁을 치른 이 나라가 어떻게 지금처럼 긴밀한 관계를 형성하게 되었을까요?

19세기 중반까지 일본은 서구 열강에 폐쇄적인 입장이었어요. 당시 일본을 다스리던 에도막부가 쇄국정책을 고

수했기 때문이었죠. 그러던 1853년 6월 3일, 낯선 네 척의 검은 군함(흑선)이 일본의 평화로운 어촌 우라가에 나타났어요. 일본과 통상조약을 맺으라는 임무를 받은 미 해군 제독 매슈 페리(1794~1858)가 군함을 이끌고 일본에 도착한 것이죠. 이듬해에도 페리 제독이 흑선을 타고 찾아와 개항을 요구하자 에도막부는 이에 굴복해 미국과 불평등한 통상조약을 체결하였어요. 이후 다른 서구 열강과도 통상조약이 체결되면서 일본 내에서는 에도막부에 대한 반감이 더 커졌어요. "이참에 서구 문물을 수용해 근대적인 국가를 세워야 한다"는 주장에 동의하는 세력이 불어난 데다 불평등한 통상조약으로 일본 내 원료들이 과도하게 수출되면서 물가가 치솟았기 때문이죠. 결국 1867년 사카모토 료마를 중심으로 한 반(反)막부 세력의 압력에 에도막부가 무너지고 일왕을 중심으로 한 메이지 정부가 들어섰어요. 메이지 정부는 이듬해 서구식 근대화를 위한 개혁에 착수했답니다. '메이지유신'이 시작된 것이죠. 메이지유신을 통해 일본은 단기간에 자본주의 경제 체제와 입헌군주제를 갖춘 강대국으로 성장했어요. 흑선을 앞세운 페리 제독의 개항 요구가 일본이 근대국가를 이루게 된 중요한 계기가 된 것이죠.

서구식 근대화로 강국이 된 일본은 국제 관계에서도 서구 열강의 제국주의를 받아들였어요. 청일전쟁과 러일전쟁에서 승리한 일본은 미국과 가쓰라-태프트 밀약(1905년)을 맺어 한반도에 대한 지배권을 인정받았습니다. 미국은 가쓰라-태프트 밀약을 통해 필리핀에 대한 지배권을 확고히 하였고요. 미·일은 제1차 세계대전에도 함께 연합국으로 참전해 승전국이 되었어요. 제1차 세계대전 직후 우드로 윌슨 미국 대통령의 주도로 국제연맹(League of Nations·유엔의 전신)이 창설되자 일본도 국제연맹에 가입하였지요. 좋아보이던 두 나라의 관계는 그러나 1920년대 이후로 나빠지기 시작했어요. 1921년 미국이 워싱턴회의를 통해 일본의 군비 확장을 제한하고 중국과 만주에 대한 영향력을 줄이자 일본은 미국에 불만을 품게 되었답니다. 그러던 중 1929년 경제 대공황이 전 세계를 덮치자 2년 뒤 일본은 만주사변을 일으키고 만주를 식민지로 삼았어요. 군국주의의 목소리가 커지면서 전쟁과 식민지 개척을 경제 위기를 벗어날 해법으로 삼은 것이죠. 미국이 일본의 만주 침략을 비난하자 일본은 국제연맹을 탈퇴해 버렸어요.

두 나라의 갈등은 결국 전쟁으로 치달았어요. 1937년 중일전쟁을 일으킨 일본은 전쟁이 예상보다 길어지자 부족한 물자를 확보하기 위해 동남아시아를 침략했어요. 동남아시아에 식민지와 영향력을 갖고 있던 미국은 이에 대응하여 일본에 석유 수출을 금지하는 강경책을 내렸답니다. 미국과의 교섭에도 별다른 성과가 없자 일본은 또다시 전쟁을 해법으로 택했어요. 1941년 12월 7일, 일본군이 하와이 오아후 섬 진주만에 머물던 미국 태평양 함대에 대규모 기습 공격을 감행하면서 태평양전쟁이 시작되었습니다. 전쟁 초기에는 기습 공격을 가했던 일본이 기세를 잡는 듯했지만, 경제력과 군사력 등 국력에서 앞선 미국이 곧 전세를 뒤집었어요. 1942년 미드웨이 해전을 기점으로 일본은 점점 수세에 몰렸습니다. 미 공군의 폭격으로 일본 국토가 쑥대밭이 되고 1945년 8월 히로시마와 나가사키에 원자폭탄이 떨어진 뒤에야 일본은 항복을 선언했어요. 일본이 패망하면서 우리 민족도 광복을 맞게 되었지요.

일본이 항복한 뒤 미군은 도쿄에 연합국군 최고사령관 총사령부(GHQ)를 설치하고 일본을 무장해제하는 비군사화 정책을 추진했어요. 미군은 일본의 군수 생산을 금지하고 일본군을 해체해버렸어요. 태평양전쟁을 주도한 전범들을 체포해 법정에 세웠고요. 일본은 전쟁을 포기하며 군대도 보유하지 않는다는 「신헌법(평화헌법)」을 공포하였습니다.

그런데 중국에서 공산당 정부가 수립되고 6·25 전쟁이 일어나자 미국의 대일본 정책은 완전히 바뀌게 됩니다. 일본을 동아시아에서 공산주의를 저지할 중심축으로 여기게 된 것이죠. 1951년 미국은 일본과 안전보장조약을 맺어 군사 동맹 관계를 구축했어요. 일본은 헌법으로 금지된 공식 군대 대신 자위대를 보유하게 되었고요.

이후 동아시아에서는 소련·중국·북한과 한국·미국·일본이 대립하는 치열한 냉전이 이어졌습니다. 1991년 소련이 무너지며 냉전이 끝난 뒤에도 미국과 일본은 동맹으로서 북한·중국 등을 상대해 긴밀한 협조 관계를 이어오고 있어요.

日 경제 성장과 '재패노포비아'

제2차 세계대전으로 폐허가 된 일본은 6·25 전쟁 이후 빠른 경제 성장을 이뤘어요. 1980년대가 되자 미국 다음가는 '제2의 경제 대국'이 되었답니다. 그러자 미국 내에는 '일본이 미국을 제치고 최강대국의 자리도 빼앗는 게 아니냐'는 재패노포비아(Japanophobia·일본 공포증)가 퍼졌어요. 일본 자본이 뉴욕을 상징하는 록펠러센터와 엠파이어 스테이트 빌딩 인수에 참여하자 이런 우려는 더 커졌지요. 하지만 1990년대가 되자 재패노포비아는 잠잠해졌어요. 이때부터 일본은 심각한 장기 경제불황(잃어버린 10년)에 빠졌지만 미국은 전례 없던 경제호황을 누렸기 때문이죠.

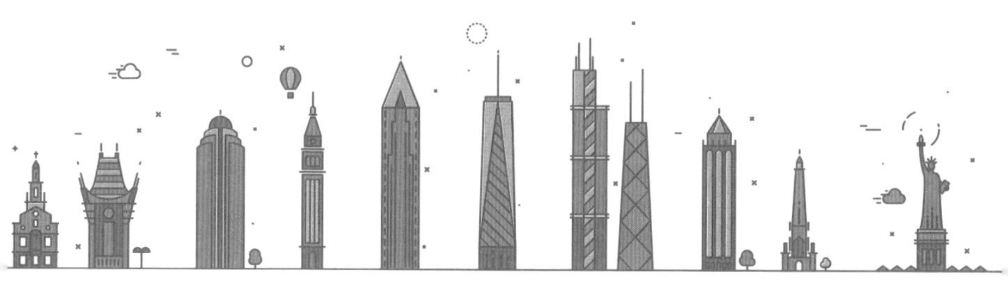

'태국의 아버지'라 불린 푸미폰 국왕

2016년 10월 13일, 태국의 푸미폰 국왕이 서거했습니다. 1946년 즉위한 이래 70년이 넘게 국왕의 자리에 있었던 푸미폰 왕은 세계에서 가장 오래 집권한 왕입니다. 태국 백성들로부터 절대적인 지지를 받는 왕이었던 그가 아프자 태국 국민들은 국왕 대신 자신이 죽을 수 있으면 그렇게 하겠다고 할 정도로 인기가 높았다고 해요. 그렇다면 푸미폰 왕은 대체 왜 그렇게 인기가 높았던 것일까요? 이번에는 태국의 역사와 푸미폰 왕에 대해 알아보도록 하겠습니다.

현재 태국은 타이족의 나라입니다. 그러나 타이족이 원래부터 인도차이나반도에 살았던 것은 아닙니다. 학자들은 이들이 원래 중국 남부에 사는 민족이었을 것으로 생각합니다. 인도차이나반도로 내려온 타이족은 캄보디아의 앙코르 왕국의 지배를 받다가 13세기에 독립 왕국을 건설했어요. 이것이 타이족의 첫 왕조인 수코타이 왕조입니다. 이후 아유타야 왕조로 이어졌는데요, 아유타야 왕조는 미얀마의 공격을 받아 1767년에 멸망하고 말았어요. 이때 아유타야 왕국의 지방 수령 가운데 한 사람이었던 중국계 딱신은 미얀마 군대를 몰아내고, 톤부리라는 지역에 새로운 왕조를 건설했습니다. 그러나 딱신은 말년에 정신병에 걸려 반란군에 의해 살해당했습니다. 딱신의 친구였던 프라야 짜끄리 장군은 이 반란을 정리하고 톤부리의 맞은편에 새로운 왕조인 라따나꼬신 왕조를 세웠습니다. 라따나꼬신 왕조는 짜끄리 왕조라고 부르기도 해요. 이 지역이 오늘날의 방콕이고, 라따나꼬신 왕조(짜끄리 왕조)가 현재까지 이어지고 있는 태국의 왕조입니다. 이후 태국의 왕들은 '라마'라는 호칭으로 불리고 있어요. 이번에 서거한 푸미폰 국왕은 짜끄리 왕조의 아홉 번째 왕으로, 라마 9세였습니다.

푸미폰 국왕은 형인 라마 8세가 암살당한 뒤 왕위에 즉위했습니다. 태국의 정치체제는 원래 전제군주제였어요. 그런데 1932년 유럽에서 공부한 법학자와 장교들이 왕실 중심의 정부 운영에 강한 불만을 가지고 쿠데타를 일으켜 의회 민주주의가 시작되면서 입헌군주제가 도입되었습니다. 그러나 쿠데타 이후 태국은 외형적으로는 민주주의 국가였지만, 실제로는 군인들이 권력을 장악한 군부 독재나 마찬가지였어요. 1992년에야 끝난 군부 독재는, 60년 동안 18번이나 일어난 쿠데타를 통해 확인할 수 있습니다. 푸미폰 국왕은 쿠데타가 일어날 때마다 군부와 정부 사이를 중재해서 국민들로부터 인기가 높았는데요, 특히 1991년 '검은 5월' 사건 때 태국인과 세계인들에게 깊은 인상을 남겼습니다. 태국에서 민주화 요구가 높아지던 상황에서 수찐다 크라쁘라윤 장군을 중심으로 군부가 쿠데타를 일으켜 정부를 장악하자, 야당 대표인 짬롱 시므앙 주도 아래 반군부 민주화 세력은 40만 명 이상에 달했습니다. 5월 군부의 진압으로 숱한 사상자가 발생하자 푸미폰 국왕은 수찐다와 짬롱을 불러 문제 해결을 요구했습니다. 태국 국왕을 만나는 예법은 무릎을 꿇고 기어서

왕에게 가는 것인데, 당시 수찐다와 짬롱이 푸미폰 국왕 앞에 무릎 꿇고 있는 사진은 태국 국왕의 권위를 태국 국민들과 세계인들에게 각인시키기 충분했습니다. 결국 국왕의 지지를 받지 못한 수찐다는 모든 권력을 포기하고 외국으로 망명을 떠났고, 태국에는 민주 정부가 수립되었습니다. 이외에도 푸미폰 국왕은 즉위 이래로 왕권을 강화해 1969년부터 지방의 낙후된 농촌 지역을 직접 시찰하며 농민들을 만나 고충을 듣고 왕실 소유자금을 투입해 농촌 개발사업을 실시했습니다. 수력발전소 건설부터 황무지 개간, 농업기술 연구, 벽지 의료단 파견 등 다방면에 걸친 지역 개발사업을 벌이는 과정에서 푸미폰 국왕은 국민의 확고한 지지를 얻었어요.

그러나 푸미폰 국왕의 재위 기간은 아름답기만 한 것은 아니었습니다. 푸미폰 국왕은 때로 군부의 쿠데타를 자신의 권력을 강화하는 수단으로 이용하기도 했습니다. 1932년 쿠데타 이후 오랜 기간 피분송크람 장군이 권력을 장악하고 있자 또 다른 군인인 사릿 장군이 1957년 쿠데타를 일으켰습니다. 그는 헌법을 폐지하고 모든 정당을 해산시켰으며 정부에 비판적인 국회의원과 학생, 노동자들을 감옥에 가뒀어요. 그런데 푸미폰 국왕은 왕실의 권력을 회복시켜준다는 조건으로 1957년의 쿠데타를 지원해줬어요. 이후에도 때로는 쿠데타를 일으킨 군부를 거부하기도 하고 승인하기도 하면서 자신의 권력을 강화시켰고, 결국 쿠데타 세력들은 푸미폰 국왕의 뜻에 따라 운명이 결정되게 된 것이지요.

긴 시간 동안 태국의 국왕으로 재위하면서 한편으로는 국민을 위한 정치를 베푸는 성군이었지만, 다른 한편으로는 뒤에서 쿠데타를 이용해 자신의 권력을 강화시키고 민주주의의 원칙을 훼손한 푸미폰 국왕. 우리는 그를 어떻게 평가할 수 있을까요?

입헌군주제

국왕이 존재하지만 헌법으로 국왕의 권력을 제한하는 정치 체제를 입헌군주제라고 합니다. 대립되는 말은 권력이 국왕에게 집중되어 국왕이 자의적으로 권력을 사용하는 체제를 일컫는 말인 전제군주제예요. 대표적인 입헌군주국으로는 영국, 일본, 스페인 등이 있어요. 영국 왕의 위상은 '군림하되 통치하지 않는다'는 말로 표현할 수 있지요. 그러나 이런 입헌군주국에서도 국왕의 효용이 무엇이냐는 논란은 지속되고 있습니다. 오히려 시간이 흐를수록 인간은 평등하다는 입장과 세금 낭비라는 점을 들어 군주제 폐지를 주장하는 사람들이 늘어나는 추세입니다. 전통을 지키자는 입장도 만만치 않기 때문에 당분간은 군주제가 유지될 것으로 보입니다. 과연 100년, 200년이 지난 뒤에는 어떻게 될까요?

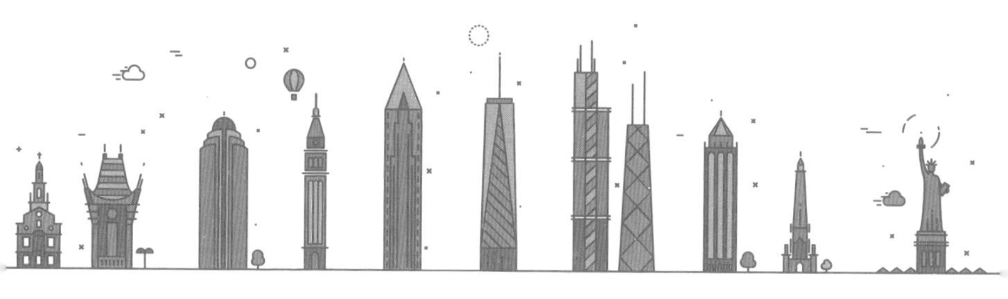

두 개의 영토로 갈라진 뉴기니 섬

말레이시아는 말레이반도와 보르네오섬 북부 지역을 차지하고 있는 나라입니다. 그 남쪽에는 수마트라섬과 자바섬을 비롯해 크고 작은 섬으로 이루어진 인도네시아가 있고요. 이 일대는 과거부터 해상 교통과 중개무역이 발달해 다양한 인종이 모여 살았어요. 서쪽에서는 인도인과 아랍인이, 동쪽에서는 중국인이 몰려왔고 폴리네시아 원주민까지 이곳에 넘어와 살기도 했지요. 2세기부터 13세기까지는 말레이반도와 수마트라섬·자바섬을 중심으로

스리위자야 왕국이 번성했어요. 몽골의 침략 후 세워진 마자파힛 왕국은 풍부한 자원과 해상무역을 기반으로 이 일대와 필리핀 남부까지 지배했던 해상 제국이었지요. 10세기 이후로는 아랍 무역상들을 통해 이슬람교가 유입되면서 이 지역 곳곳에 크고 작은 이슬람 왕국이 세워졌어요. 14세기에는 이슬람 세력이 말레이반도를 장악하고 말라카 왕국을 세웠답니다. 말라카 왕국도 말라카 해협('믈라카 해협'의 옛 이름)을 차지하고 서역과 동아시아를 잇는 중개무역으로 막대한 부를 쌓았어요.

그런데 16세기가 되자 식민지를 찾는 유럽 세력이 이 지역에 진출하면서 동남아시아는 서구 열강의 전쟁터가 되고 맙니다. 포르투갈의 침략에 말라카 왕국이 멸망했고 뒤이어 동인도회사를 앞세운 네덜란드 세력이 말레이반도와 인도네시아 도서 지역을 장악하면서 마자파힛 왕국이 무너졌어요. 17세기부터는 영국이 이 지역에 진출을 시도하면서 네덜란드와 치열한 싸움을 벌였답니다.

19세기 초가 되자 말레이반도와 보르네오섬 북부는 영국이 차지하게 되었어요. 영국은 이 일대 해안에 싱가포르 등 무역 도시를 건설하고 '해협식민지(1826~1946)'를 구축했습니다. 보르네오섬 북부를 제외한 나머지 지역과 수마트라섬·자바섬은 1800년 네덜란드 영토로 공식 편입되었고요(네덜란드령 동인도). 두 나라는 1814년 런던조약, 1824년 영란조약을 통해 이 일대에 각자가 가진 식민지를 인정하기로 하였지요.

이렇게 정해진 식민지 경계는 제2차 세계대전이 끝나고 말레이시아와 인도네시아가 독립한 뒤 두 나라 간의 국경선이 되었어요. 1962년 인도네시아가 "보르네오 섬은 원래 인도네시아 영토"라며 전쟁을 일으켜 두 나라가 4년간 전쟁을 벌이기도 했지요. 싱가포르는 말레이시아에 속해 있다 1965년 독립해 도시국가가 되었어요. 보르네오섬 북부에 있는 이슬람 왕국 브루나이는 제2차 세계대전 이후에도 영국의 지배를 받다 지난 1984년에 독립하였습니다.

인도네시아의 동쪽에는 오세아니아에 속해 있는 세계에서 둘째로 큰 섬 뉴기니가 있어요. 이 섬은 한가운데 그어진 직선 국경을 중심으로 서쪽은 인도네시아, 동쪽은 파푸아뉴기니가 차지하고 있어요. 이 직선 국경도 서구 열강의 식민 지배가 남긴 흔적입니다.

뉴기니 섬은 16세기 초 포르투갈 항해사 조르즈 드 메네세가 발견했어요. '새로운 기니'라는 뜻의 '뉴기니(new guinea)'라는 이름은 이 섬에 처음 도착한 유럽인들이 섬 주민들을 보고 "이곳 주민들은 아프리카 기니 사람들과 닮았다"고 말한 데서 유래했다는 설이 있습니다. 처음 뉴기니 섬을 발견한 건 포르투갈이었지만 1828년 네덜란드가 뉴기니 섬 서쪽을 점령해 식민지로 삼았어요. 19세기 말에는 독일이 뉴기니 섬 동북부 지역을 장악해 '독일령 뉴기니'를 세웠고요. 그 외 섬 동쪽 지역은 영국이 지배하는 '영국령 뉴기니'가 되었어요. 섬의 서쪽과 동쪽을 나눠 가진 네덜란드와 영국은 1895년 뉴기니 섬 한가운데에 직선의 식민지 경계를 그었습니다. 이 경계가 오늘날 두 나라의 국경선으로 이어지고 있는 것이죠. 1902년 영국령 뉴기니의 통치권을 넘겨받은 호주는 1914년 독일령 뉴기니를 점령하였어요. 제2차 세계대전이 끝나자 영국령 뉴기니는 파푸아뉴기니로 이름이 바뀐 뒤 호주의 통치를 받았고, 지난 1975년에 독립하였어요. 네덜란드가 지배했던 뉴기니 섬 서쪽은 1969년 인도네시아 영토로 귀속되었어요.

포르투갈과 동티모르

16세기에 동남아시아에 진출한 포르투갈은 17세기가 되자 네덜란드와 영국에 밀려 이 일대 지배권을 대부분 상실했어요. 그럼에도 지배권을 유지한 곳이 일부 있었는데 그중 한 곳이 바로 티모르(Timor)섬입니다.

하지만 이곳도 네덜란드의 침공을 받아 섬 서쪽은 네덜란드에 내주어야 했어요. 현재 티모르섬 내 인도네시아와 동티모르(East Timor)를 가르는 국경도 19세기 후반 네덜란드와 포르투갈이 티모르섬을 동과 서로 분할하며 정해진 거예요. 2차 대전 이후 네덜란드가 지배하던 티모르섬 서쪽은 인도네시아에 귀속되었지만, 동티모르는 계속해서 포르투갈의 지배를 받았습니다.

1975년 동티모르는 포르투갈 내정이 불안한 틈을 타 독립을 선언했어요. 하지만 며칠 뒤 인도네시아의 침공을 받아 다시 식민지 신세가 되고 말았답니다. 그럼에도 끊임없이 독립투쟁을 벌인 동티모르는 2002년 마침내 독립국가가 되었어요. 독립 후 동티모르는 현지어인 테툼어와 포르투갈어를 공용어로 사용하고 있답니다.

독립 후에도 친인도네시아 민병대의 쿠데타 등 유혈사태가 이어지자 UN은 1999년 동티모르에 평화유지군을 파견했습니다. 우리나라 역시 UN의 요청을 받아들여 상록수 부대를 파병해 동티모르의 안정에 기여했지요. 이 과정에서 국군 장병 5명이 순직하기도 했습니다. 우리가 동티모르에 관심을 가져야 하는 이유이기도 합니다.

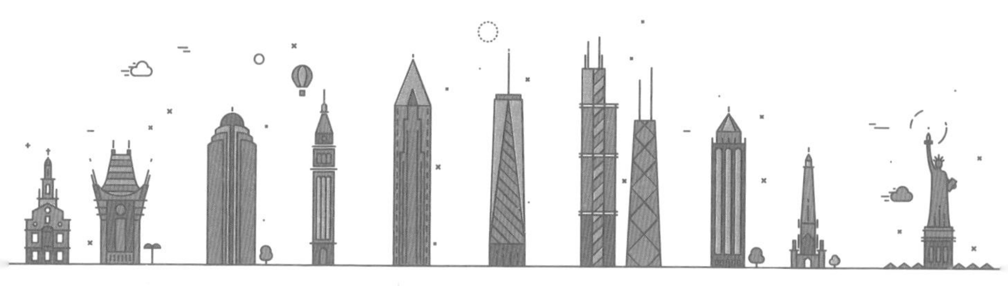

중국과 인도의 국경분쟁이 계속되는 이유

2017년 중국과 인도 사이에 국경분쟁이 발생했습니다. 이 충돌은 인도와 중국, 부탄 세 나라의 국경이 만나는 도카라(중국명 둥랑)라는 지역에 중국 인민해방군이 도로를 부설하면서 갈등이 시작되었지요. 인도와 부탄은 중국이 도로를 부설하고 있는 이 지역이 부탄 영토라며 중국에 공사 중단을 요구했어요. 반면 중국은 자국 영토에 정당하게 도로 건설을 했을 뿐이라며 오히려 인도군이 중국 영토를 침범하고 있다고 주장했지요. 결국 중국 인민해방군과 인도군이 이 지역에 무장 배치되며 갈등이 이어지고 있습니다. 다행히 전쟁으로 격화되지는 않았지만, 당시 사람들은 이번 사태가 전쟁으로 비화되지 않을까 걱정했어요. 두 나라는 이미 국경 문제로 1962년에 한 차례 충돌한 적이 있었거든요.

아시아뿐만 아니라 전 세계를 통틀어도 손에 꼽을 정도로 거대한 영토와 많은 인구를 보유한 두 나라이지만, 전근대 때는 거의 충돌한 적이 없었습니다. 두 나라 사이에는 세계의 지붕이라 불리는 히말라야 산맥이 있기 때문이지요. 19세기에 이르러서야 인도의 시크 제국이 티베트를 공격하면서 비로소 충돌이 발생했지요. 그러나 이후 제국주의 열강의 아시아 침략이 시작되면서 인도와 중국은 우호적인 관계를 형성하게 되었습니다. 특히 당시 중화민국의 지도자였던 장제스는 영국을 비롯한 서방세계에 인도의 독립을 요구하기도 하였지요. 하지만 중국과 인도의 우호적인 관계는 그리 오래가지 못했습니다. 제국주의 시기에 인도와 중국이 우호적인 관계를 유지할 수 있었던 것은 열강들의 침탈을 받고 있다는 이유도 있었지만 두 나라 사이에 티베트가 있어서 국경을 맞대고 있지 않다는 점이 크게 작용했는데요, 티베트는 청나라에 예속되어 있었지만 청나라가 망하면서 실질적으로는 중국으로부터 독립하였으나 중국은 독립을 인정하지 않는 애매모호한 상황이었습니다. 그런데 제2차 세계대전이 종료되고 중국 공산당이 중국 대륙을 장악하고 티베트를 무력으로 점령하면서 중국과 인도가 직접 국경을 맞대게 되었거든요. 국경을 맞댄 두 나라의 관계는 조금씩 불편해지기 시작했습니다. 그럼에도 불구하고 인도가 미국과 소련이라는 두 초강대국이 주도하는 냉전 질서에서 벗어나 비동맹 중립 노선이라는 길을 택하고, 중국 역시 소련과 갈등이 발생하면서 비동맹 노선에 발을 걸쳤기에 중국과 인도는 겉보기에는 우호적인 관계를 유지했어요.

두 나라가 직접 충돌하게 된 것은 역시 국경 문제에서 비롯되었어요. 두 나라 사이의 국경 문제는 제국주의 시절 영국에 의해 씨가 뿌려졌습니다. 영국은 러시아를 견제하기 위해서 자기들 멋대로 중국의 변경을 점령했거든요. 그것이 이어져 1950년대 후반까지도 중국과 인도는 국경 문제를 매듭짓지 못하고 있었습니다. 이런 상황에서 티베트에 대한 지배력을 강화하기 위해 중국 공산당은 티베트로 이어지는 도로인 신장공로를 부설했어요. 문제는 이 도로가 악사이친이라는 지역을 지난다는 데 있었습니다. 악사이친 역시 두 나라의 분쟁지역이었는데 이 지역에 중국이 상의도 없이 도로를 부설하자 인도인들은 분노했어요. 이런 상황에서 중국 공산당의 티베트 탄압이 극에 달한 1959년, 티베트의 지도자인 달라이 라마가 티베트를 탈출해 티베트 임시정부의 수립을 선포하자 인도의 네루는 달라이 라마를 환영하고 인도로의 망명을 받아들였습니다. 이번엔 중국이 격분했어요. 이에 중국과 인도의 국경에서는 소규모 충돌이 지속적으로 발생하였습니다. 당시 인도 사람들 가운데는 현실적으로 인도가 중국에 무력으로 맞서기 어려울 것이라며 걱정하는 사람도 있었어요. 그러나 인도의 네루는 중국이 대약진 운동의 실패로 인한 마오쩌둥의 권력 약화라는 내부 문제, 중국과 소련의 분쟁으로 인한 외부 문제로 중국과 인도의 국경 분쟁에까지 신경을 쓸 틈은 없을 것이라고 판단해 대중국 강경책을 이어나갔어요. 그러나 이것은 네루의 착각이었습니다. 1962년 10월, 마오쩌둥은 공산당 지도부를 소집해 인도와의 전쟁을 결정하였어요. 1930년대의 중일전쟁과 40년대의 국공내전, 50년대의 6·25 전쟁을 거치며 강화된 중국 인민해방군의 힘에 자신이 있었던 것이지요.

그리고 전쟁이 개시되자 마오쩌둥의 자신감은 근거 있는 자신감이었다는 것이 입증되었습니다. 영국으로부터 해방되긴 했지만 여전히 봉건적 잔재가 남아있는 데다가 무기도 중국에 비해 열악했던 인도 육군은 개전 초부터 추풍낙엽처럼 쓰러졌어요. 인도 북부는 줄줄이 중국군에 의해 점령되었지요. 혼비백산한 네루는 미국을 비롯한 서방세계에 도움을 요청하였고, 미국과 영국은 공군을 비롯한 무기와 전력을 공급했어요. 게다가 당시 지구 반대편에서는 쿠바 미사일 사태로 미국과 소련의 위기감이 고조되는 상황이었던지라, 자칫하다가는 제3차 세계대전이 발생할 수도 있다는 위기감이 몰려오고 있었습니다. 그런데 바로 그때 중국이 모든 전투를 중지하고 점령한 영토와 노획한 무기, 포로들을 조건 없이 돌려주겠다고 선포하고는 후퇴하기 시작했습니다. 애초에 중국의 목적은 티베트 문제에 개입하지 말라고 인도에 경고하는 것이었기 때문이었지요.

전쟁의 결과 인도는 중국에 완패했습니다. 악사이친 지방을 점령하고 있는 중국군에게 물러나라고 큰소리치긴 했지만 현실적으로 중국군을 물러나게 할 힘이 없었으며, 티베트 문제에도 목소리를 낼 수 없게 되었습니다. 인도군의 사상자는 1만여 명에 달한 반면, 중국군은 2,300여 명에 불과했다고 해요. 인도로서는 치욕스러운 결과였지요. 그러나 중국으로서도 크게 만족스러운 결과를 얻은 것은 아니었습니다. 국제 사회로부터 침략자라는 비난까지 듣게 되었지요. 게다가 악사이친 지방을 실질적으로 점유하게 되었다고는 하지만, 그 이외의 국경 문제는 여전히 애매모호한 상태로 남게 되었습니다. 무엇보다 두 나라가 오랜 기간 다져왔던 우호관계가 깨지고 서로를 향한 증오가 잉태되었습니다. 최근 발생한 국경분쟁도 바로 그 결과인 것이지요. 모쪼록 이번에는 큰 충돌 없이 두 나라가 현명하게 문제를 매듭짓기를 바라봅니다.